Gabriele Mauz

Rohköstlichkeiten

für Genießer

HANS-NIETSCH-VERLAG

Gabriele Mauz

ROH köstlichkeiten

für Genießer

Eine kulinarische Reise durch die Rohkostküche

Originalausgabe

Lektorat: Martina Klose, Hans Nietsch
Korrektorat: Sylvia Schaible
Layout und Satz: Rosi Weiß
Covergestaltung: Rosi Weiß

HANS-NIETSCH-VERLAG
Poststr. 3
D-79098 Freiburg
Internet: www.nietsch.de
E-Mail. info@nietsch.de

ISBN: 3-934647-76-6

Inhalt

Hauptgerichte

Nachspeisen

Danksagung

Danken möchte ich allen Menschen,
die mich bei der Verwirklichung dieses Buches unterstützt haben.
Ganz besonderer Dank gilt meinem Lebenspartner Frank
und meinen Kindern Michaela, Stephanie und Johannes,
die mir immer wieder neue Ideen geschenkt
und meine Rezepte kritisch getestet haben.

Einführung

Rohkost ist lebendige Nahrung in edelster Form. Warum sollten wir sie nicht täglich zu uns nehmen? Die unausweichlichen „Nebenwirkungen“ sind ein gesünderer Körper und eine bessere Kommunikation mit den Energien, die uns umgeben. Außerdem ist Schluss mit lästigem Kalorienzählen, mit Diäten, Trennkost etc. – mit allem, was uns helfen soll, abzunehmen oder unser Gewicht zu halten.

Ich habe für Menschen, die gern gut essen und trotzdem schlank, fit und gesund bleiben (oder werden) wollen, meine Rohkostrezepte aufgeschrieben und gesammelt. Entscheiden Sie selbst, ob Sie einfach nur ein Mittagessen oder ein feierliches Menü mit fünf Gängen zubereiten und zu welchem Anlass und mit welchem Aufwand Sie Ihre Lieben verwöhnen wollen. Alles ist möglich – natürlich auch eigene Experimente!

Sie finden hier „Rohköstlichkeiten“, die Freude bereiten und Genuss schenken, gesund und leistungsstark, schlank und fit halten bzw. machen und außerdem Krankheiten vorbeugen und sie heilen können. Probieren Sie die Rezepte aus und Sie werden feststellen: Schmackhafte Mahlzeiten können gesund und gesunde Mahlzeiten können schmackhaft sein!

Es ist spannend zu erleben, wie kreativ die Rohkostküche sein kann. Am Anfang steht jedoch immer die Natur. Eine Küche kann nicht besser sein als die Produkte, die verwendet werden – auf diesem Grundsatz beruht der Erfolg der Rohkostküche. Und so ist es besonders wichtig, auf Qualität zu achten. Kaufen Sie Produkte in „Bio-Qualität“, die garantiert unbehandelt sind: Sie werden den Unterschied am eigenen Leib erfahren. Um den Geschmack der Zutaten sowie ihre spirituelle Energie nicht zu zerstören, ist es wichtig, bei der Zubereitung der Gerichte, die Sie in *Rohköstlichkeiten für Genießer* finden, Folgendes zu beachten:

1. Die Zutaten werden bei Temperaturen *unter* 40° C verarbeitet ...
2. ... und sie werden bei Temperaturen *über* 5° C verarbeitet. (Es gibt also keine gefrorenen Zutaten oder Gerichte.)
3. Gesüßt wird ausschließlich mit Trockenfrüchten wie Datteln und Rosinen.
4. Essig wird nicht verwendet.

5. Bärlauch und Lauch ersetzen Knoblauch und Zwiebeln (denn erstens bereiten die Gerüche, die durch rohe Zwiebeln und rohen Knoblauch verbreitet werden, keine wirkliche Freude und zweitens beeinflusst der Verzehr dieser beiden Pflanzen unsere Spiritualität).
6. Plastik wirkt sich eher negativ auf feine Geschmacksnuancen aus, deshalb werden die Gerichte in Glas- oder Keramikschüsseln zubereitet.
7. Buntes Glas verändert den Geschmack der Gerichte oder Getränke, also verwenden Sie am Besten farbloses Glas.
8. Die Gerichte werden möglichst von Hand zubereitet, denn die „Energie" der Maschinen überträgt sich auf die Speisen und damit auf den Menschen.
9. Auf Alkohol - zur „Verbesserung" des Geschmacks - wird ganz verzichtet.
10. Tierprodukte werden nicht verwendet.

Ich wünsche Ihnen bei Ihrem Abenteuer mit diesen Rohkostrezepten gutes Gelingen, viel Spaß und ... einen guten Appetit!

Gabriele Mauz
Im Frühjahr 2005

Erläuterungen:

Mengenangaben

EL	Esslöffel
TL	Teelöffel
Msp.	Messerspitze
l	Liter
g	Gramm

Zubereitungskategorien

*	einfache Zubereitung
**	braucht etwas Geduld
***	braucht Zeit und ein wenig Erfahrung

Vor-
speisen

Avocadocreme mit Löwenzahn und Croûtons**

Zutaten für 1 Person

Für die Avocadocreme:

- 1 Avocado
- 1 Tomate
- 1 Msp. Himalayasalz
- 1 Msp. frisch geriebener Pfeffer

Für den Löwenzahn:

- 1 Hand voll Löwenzahnblätter
- ½ Zitrone
- 2 EL Olivenöl
- 1 Msp. Himalayasalz

Für die Croûtons:

- 1 Karotte
- 100 g Makadamianuss-Frischkäse (siehe unter „Grundrezepte", S. 127)
- 1 EL fein geschnittener Lauch
- 1½ TL glatte Petersilie
- ½ TL Zitronensaft
- 1 Msp. Himalayasalz
- 1 Msp. Pfeffer

Avocadocreme: Die Avocado halbieren, entkernen und mit dem Löffel das Fruchtfleisch entnehmen. In eine Glas- oder Keramikschüssel geben. Die Tomate schälen (wie einen Apfel), die harten Stellen entfernen und das Fruchtfleisch zu den Avocadostücken geben. Das Ganze mit dem Pürierstab zu Mus verarbeiten. Mit Salz und Pfeffer abschmecken.

Löwenzahn: Löwenzahnblätter nicht waschen. In mundgerechte Stücke schneiden. In einer Glas- oder Keramikschüssel mit Salz, Zitronensaft und Öl mischen.

Croûtons: Die Karotte in feine Streifen schneiden und im Lebensmitteltrockner trocknen lassen (ca. 5 Stunden). Den Makadamianuss-Frischkäse mit den restlichen Zutaten gut mischen und kalt stellen. Die getrockneten Karotten in einer Küchenmaschine zu „Mehl" verarbeiten. Vom Frischkäse kleine, mundgerechte Stücke formen und in dem Karottenmehl wälzen. Die Croûtons im Lebensmitteltrockner 4 Stunden trocknen – sie sollten außen knusprig und innen noch weich sein.

Avocadoflan an bunt gepfefferten Orangen**

Zutaten für 4 Personen

Für den Avocadoflan:

- 2 Avocados (Booth)
- 200 g Makadamianüsse
- ½ TL Himalayasalz
- 1 TL Zitronensaft

Für die gepfefferten Orangen:

- 4 Orangen
- 1 Avocado (Fuerte)
- 2 TL gemischte Pfefferkörner
- 2 EL Olivenöl

Zum Dekorieren:

- 250 g Erbsenschoten, längs halbiert
- einige Schnittlauchhalme

Avocadoflan: Die Avocados halbieren, entkernen und das Fruchtfleisch in eine Glas- oder Keramikschüssel geben. Mit der Gabel zerdrücken. Die Makadamianüsse in einer Küchenmaschine zu „Mehl" verarbeiten. Mit dem Salz und dem Zitronensaft zu der Avocadomasse geben und gut mischen. 4 Tassen mit Frischhaltefolie auslegen und die Mischung hineinfüllen. 2 Stunden im Kühlschrank kalt stellen.

Gepfefferte Orangen: Die Orangen filetieren und die Filets in kleine Stücke schneiden. Die Avocado halbieren, entkernen und das Fruchtfleisch ebenfalls in kleine Stücke schneiden. Den Pfeffer im Mörser zerstoßen. Orangen-Avocado-Gemisch auf Tellern im Kreis auslegen. Mit Pfeffer bestreuen und mit Olivenöl beträufeln.

Anrichten: Avocadoflan in die Mitte des Orangen-Avocado-Gemischs stürzen. Die Frischhaltefolie entfernen und die halbierten Erbsenschoten an den Flan „anlehnen". Die Schnittlauchhalme in die Mitte des Flans stecken.

Buntes Gemüsehaschee an Kohlrabiquadraten mit Avocadoschaum**

Für 4 Personen

Für das Gemüsehaschee:

200 g Walnüsse
6 EL Shoyu
4 kleine Karotten
1 Mangold
4 Kohlrabi

Für den Avocadoschaum:

2 Avocados (Nabal)
12 Tomaten
2 EL Shoyu
4 EL Olivenöl
Pfeffer

Gemüsehaschee: Die Walnüsse grob hacken. In das Shoyu geben und 3 Stunden ziehen lassen. Dann im Lebensmitteltrockner 12 Stunden trocknen lassen. Die Blätter des Mangold fein wiegen. Die Karotten in sehr kleine Quadrate schneiden. Aus der Mitte der Kohlrabi große Quadrate schneiden. Den Rest genauso fein schneiden wie die Karotten. Die großen Quadrate der Kohlrabi beiseite legen, die restlichen Zutaten in einer Glas- oder Keramikschüssel mischen.

Avocadoschaum: Die Avocados schälen und entkernen, in Stücke schneiden. Den Saft mit der Hand aus den Tomaten drücken. Flüssigkeit durch ein Haarsieb in einen Mixer streichen. (Wer sich den Abfall sparen möchte: Die Tomaten schälen und das Fleisch für die „Terrine von Tomaten und Oliven im Portulakbett" (S. 69) verwenden.) Das Avocadofleisch mit Tomatensaft, Shoyu und dem Olivenöl im Mixer zu einer cremigen Soße pürieren.

Anrichten: Zwei große runde Flächen Avocadoschaum auf den Teller geben. Die großen Kohlrabiquadrate auf eine der Flächen legen. Walnüsse mit dem klein geschnittenen Gemüse mischen und auf der zweiten Avocadofläche verteilen. Mit frisch gemahlenem Pfeffer abschmecken.

Gemüsekugeln in Paprika-Apfel-Schaum***

Für 4 Personen

Für die weißen Kugeln:

- 100 g Haselnüsse*
- 2 Kohlrabi
- ¼ TL Himalayasalz
- 1 Msp. Muskatnuss
- je 1 EL Zitronensaft, Haselnussöl
- 1 EL Pfefferminze, fein gewiegt
- 1 EL Schnittlauch, fein gewiegt
- 1 Hand voll heller Sesam

Für die grünen Kugeln:

- 100 g Walnüsse*
- 100 g Brokkoli
- ½ Avocado
- je 10 Basilikum-, Oregano- und Majoranblätter
- ½ TL Himalayasalz
- 1 Hand voll heller Sesam

Für die roten Kugeln:

- 100 g Mandeln*
- 16 halbe getrocknete Tomaten
- 2 rote Paprika
- 1 rote Peperoni
- 1 TL Paprikapulver
- ½ TL Himalayasalz
- 1 Hand voll schwarzer Sesam

Für den Paprika-Apfel-Schaum:

- 2 gelbe Paprika
- 1 Apfel
- je ½ Banane, Avocado
- ¼ TL Himalayasalz
- je 1 Msp. Ingwerwurzel, Zimt
- 1 TL frisch ger. Meerrettich
- 2 EL Zitronensaft
- Petersilie

* 10 Stunden in Quellwasser eingeweicht und gut abgetropft

Weiße Kugeln: Haselnüsse in einer Küchenmaschine fein mahlen. Kohlrabi schälen und sehr fein raspeln. Alle Zutaten in einer Schüssel gut mischen. 8 Kugeln formen, im Sesam wälzen und für 1 Stunde in den Lebensmitteltrockner geben.

Grüne Kugeln: Walnüsse fein mahlen. Brokkoliröschen klein schneiden. Avocado-Fruchtfleisch aus einer Hälfte herauslösen. Kräuter ganz fein wiegen. Alle Zutaten in einer Schüssel gut mischen. 8 Kugeln formen, im Sesam wälzen und für 1 Stunde in den Lebensmitteltrockner geben.

Rote Kugeln: Mandeln fein mahlen. Die getrockneten Tomaten in feine Würfel schneiden. Paprika halbieren, entkernen und in sehr feine Würfel schneiden. Peperoni halbieren, entkernen und fein wiegen. Alle Zutaten in einer Schüssel gut vermischen. 8 Kugeln formen, in Sesam wälzen und für 1 Stunde in den Lebensmitteltrockner geben.

Paprika-Apfel-Schaum: Banane klein schneiden. 1 Paprika entkernen und klein schneiden. Banane und Paprika im Lebensmitteltrockner 12 Stunden trocknen. 2. Paprika halbieren, entkernen und in Stücke schneiden. Apfel halbieren, Kerngehäuse entfernen und mit Paprikastücken entsaften. Avocado-Fruchtfleisch aus einer Hälfte herauslösen und mit Saft und getrockneten Früchten im Mixer zu einer cremigen Soße pürieren. Gewürze, Salz und klein geschnittene Petersilie zugeben.

Für 1 Person

½ Kohlrabi mit zarten Blättern
1 EL Olivenöl
1 TL Himalayasalz
½ TL Zitronensaft
1 Hand voll Rohmesankäse (siehe unter „Grundrezepte", S. 128)
4 Basilikumblätter
1 Hand voll Walnüsse

Carpaccio vom Kohlrabi*

Den Kohlrabi mit der Legumette ganz fein schneiden. Mit dem Salz bestreuen. Den Zitronensaft und das Olivenöl darüber träufeln. Die Basilikumblätter und die zarten Blätter vom Kohlrabi in feine Streifen schneiden, die Walnüsse in Stücke brechen und alles über dem Carpaccio verteilen. Rohmesankäse darüber hobeln.

Champignon im Vogelnest***

Für 4 Personen

4 Riesenchampignon-Köpfe

Für das Vogelnest:

- 3 Zucchini
- 100 g Krümel und Bruchstücke von Taccotaschen (Rezept S. 22)
- 50 g Rohmesan (siehe unter „Grundrezepte", S. 128)

Für die Füllung:

- 4 EL Olivenöl
- 2 Tomaten
- 8 halbe getrocknete Tomaten
- 20 g Pinienkerne (10 Stunden in Quellwasser eingeweicht und gut abgetropft)
- ¼ TL Himalayasalz
- ¼ TL Zitronensaft

Für die Dekoration:

- 2 Salatherzen
- ½ Gurke
- 1 Karotte
- 4 EL Bärlauchöl (siehe unter „Grundrezepte", S. 122)

Champignons nicht waschen – nur sauber reiben. Stiele entfernen.

Vogelnest: Mit der Legumette die Zucchini zu feinen „Nudeln" schneiden. Die Krümel und Brocken von den Taccotaschen und den Rohmesan im Mixer zu feinem „Mehl" mahlen. Die Zucchinifäden in dem „Mehl" wälzen. Auf einem Backpapier ausbreiten und im Lebensmitteltrockner knusprig trocknen lassen. Ab und zu wenden und auseinander ziehen.

Füllung: Die Tomaten schälen und die Kerne mit der Flüssigkeit entfernen. (Für „Klare Tomatensuppe mit Gemüsenüdeli" (S. 53) verwenden.) Mit den halben getrockneten Tomaten, Olivenöl, Himalayasalz und Zitronensaft im Mixer fein pürieren. Die Pinienkerne untermischen.

Dekoration: Die Karotte und die Gurke in kleine Würfel schneiden. Die Salatherzen auseinander zupfen und die Blätter waschen. Champignonköpfe mit dem Tomatenmix füllen. Die getrockneten Zucchininudeln auf dem Teller zu einem „Nest" formen. Die Champignons darauf platzieren. Jeden Teller mit fünf Salatblättern und den klein geschnittenen Gemüsewürfeln verzieren. Mit Bärlauchöl beträufeln und auf den gefüllten Champignon einen Käsecracker (siehe Rezept „Zucchinisuppe mit Käsecrackern", S. 46) setzen.

Gefüllte Tomaten auf Rettichcarpaccio*

Zutaten für 4 Personen

8 Tomaten
½ weißer Rettich

Für die Füllung:

50 g Paranüsse (10 Stunden in Quellwasser eingeweicht und abgetropft)
½ Avocado
1 Karotte
1 süßer Apfel
1 TL glatte Petersilie, fein gewiegt
1 TL frischer Thymian, fein gewiegt
½ TL Himalayasalz

Für das Dressing:

2 TL Zitronensaft
4 EL Olivenöl
¼ TL frisch gemahlener Pfeffer
¼ TL Shoyu

Für die Dekoration:

Zucchini
etwas gelbe und rote Paprika, in Rauten geschnitten

Von den Tomaten einen Deckel abschneiden.

Füllung: Das Fruchtfleisch vorsichtig mit einem Löffel aus den Tomaten herausholen, Kerne und Flüssigkeit entfernen und den Rest in kleine Würfel schneiden. Petersilie und Thymian unter das Tomatenfleisch mengen. Die Paranüsse grob hacken. Avocado halbieren, entkernen und das Fruchtfleisch einer Hälfte in eine Glas- oder Keramikschüssel geben. Mit der Gabel zerdrücken. Karotte und Apfel in kleine Würfel schneiden und mit dem Salz unter die Avocadomasse rühren. Die Paranüsse dazugeben und gut vermengen. Zuletzt vorsichtig das Tomatenfleisch mit den Kräutern unterheben und die Tomatenhälften mit der Masse füllen. (Wenn Füllung übrig bleibt, kann sie auch einfach als Beilage verwendet werden.)

Carpaccio: Den Rettich in dünne Scheiben hobeln und wie Carpaccio auf den Tellern anrichten. Für das Dressing alle Zutaten in eine Glas- oder Keramikschüssel geben und mit der Gabel cremig schlagen. Über das Rettichcarpaccio träufeln.

Dekoration: Die gefüllten Tomaten in die Mitte setzen und mit ausgeschnittenen Blättern aus Zucchinihaut und Rauten aus roter sowie gelber Paprika verzieren.

Indische Kokospfannkuchen***

Zutaten für 4 Personen

Für die Kokospfannkuchen:

- 25 g Leinsamen (gelb)
- 1 Apfel
- 2 Datteln (Zahidi)
- 2 EL Kokosraspel
- ½ Chilischote
- 1 TL Kurkuma
- ¼ TL Himalayasalz
- ⅛ l Quellwasser
- Pfeffer

Für die Füllung:

- 1 Apfel
- 1 Avocado (Bacon)
- 2 Tomaten
- 100 g Kokosnussfleisch
- 8 Basilikumblätter
- 1 TL Zitronensaft
- 1 EL Olivenöl
- 1 Msp. Himalayasalz
- Pfeffer

Für die Soße:

- ½ junge Kokosnuss mit Kokosmilch
- 50 g Makadamianüsse (10 Stunden in Quellwasser eingeweicht und gut abgetropft)
- 3 EL Hanfnussöl
- 2 EL Limonensaft
- 4 Datteln (Zahidi)
- ½ TL Himalayasalz

Pfannkuchen: Leinsamen in einer Küchenmaschine fein mahlen. Datteln, Chilischote und Apfel entkernen. Alle Zutaten im Mixer so lange pürieren, bis eine glatte Masse entsteht. 1 Stunde ruhen lassen. Auf Backpapier den Teig zu runden Pfannkuchen von etwa 10 Zentimetern Durchmesser dünn aufstreichen. Im Lebensmitteltrockner 2 Stunden trocknen lassen (die Pfannkuchen sollten noch weich sein). Vom Papier abziehen, formen (siehe Photo) und weitere 2 Stunden trocknen lassen, bis sie knusprig sind.

Füllung: Tomaten schälen (wie einen Apfel), harte Teile und Kerne entfernen. (Die Kerne zum Garnieren aufheben.) Avocado halbieren, entkernen und schälen. Apfel halbieren und das Kerngehäuse entfernen. Apfel, Tomaten und Kokosnuss in sehr feine Streifen schneiden. Die Basilikumblätter ebenfalls in feine Streifen schneiden. Das Ganze in einer Glas- oder Keramikschüssel mit Zitronensaft und Olivenöl vorsichtig mischen. Mit Salz und Pfeffer abschmecken.

Soße: Kokosnussfleisch und -milch im Mixer pürieren. Makadamianüsse mit der Küchenmaschine fein mahlen. Datteln entkernen. Alle Zutaten im Mixer so lange pürieren, bis eine glatte, cremige Masse entstanden ist. Bei Bedarf Wasser zugeben.

Pfannkuchen mit Früchtestreifen füllen und mit Kokossoße reichen. Die nicht verwendeten Teile der Tomaten klein schneiden, etwas Salz dazugeben und um die Pfannkuchen verteilen.

Taccos mit Guakamole***

Zutaten für 4 Personen

Für die Taccos:

- 125 g gelbe Leinsamen
- ¼ Stange Lauch
- 75 g helle Rosinen
- 2 EL Shoyu
- 1 TL Chilipulver
- ½ l Quellwasser

Für die Guakamole:

- 3 Avocados (Hass)
- ½ Stange Lauch
- ½ TL Himalayasalz
- ½ TL Zitronensaft
- 2 EL Olivenöl

Für das Dressing:

- 4 EL Olivenöl
- 1 EL Limonensaft
- ½ TL Chilipulver
- 1 EL Petersilie
- frisch gemahlener Pfeffer nach Bedarf

Tomatensoße: Rezepte siehe unter „Grundrezepte" (S. 126), „Spaghetti mit Tomatensoße" (S. 60) und „Walnuss-Igeli mit exotischer Tomatensoße" (S. 56)

Taccos: Rosinen mit dem Wasser im Mixer pürieren. Leinsamen dazugeben, Lauch sehr fein wiegen. Alle Zutaten gut mischen und 1 Stunde quellen lassen. Den Teig mit einem Löffel auf einem Backpapier in etwa 12 Zentimeter große, runde, 4 Millimeter dicke Taccos ausstreichen. Im Lebensmitteltrockner zunächst so lange trocknen lassen, bis sie sich gerade noch biegen lassen (etwa 4 Stunden). Dann mit dem Backpapier (das Papier innen) die runden Taccos in der Mitte vorsichtig zusammenklappen. Weiter trocknen lassen, bis das Backpapier entfernt werden kann (etwa 4 weitere Stunden). Danach noch so lange trocknen lassen, bis sie knusprig sind.

Guakamole: Avocados halbieren, entkernen und mit dem Löffel das Fruchtfleisch in eine Glas- oder Keramikschüssel geben. Mit der Gabel zerdrücken. Die zarten Teile vom Lauch fein wiegen. Alle Zutaten in der Schüssel gut vermischen und beiseite stellen.

Dressing: Olivenöl, Limonensaft und Chilipulver gut verrühren. Petersilie flein wiegen, unter das Dressing mischen. Mit Pfeffer nach Bedarf abschmecken.

Anrichten: In jede Taccotasche 1 Löffel Guakamole geben. Mit Tomatensoße und Dressing servieren.

Sie können den Taccos mit verschiedenen Füllungen noch mehr Pepp geben.

Tomaten-Gurken-Bruschetta**

Zutaten für 4 Personen

Für den Teig:

- 100 g Sonnenblumenkerne (10 Stunden in Quellwasser eingeweicht und gut abgetropft)
- 100 g Walnusskerne (10 Stunden in Quellwasser eingeweicht und gut abgetropft)
- 100 g Sesam (10 Stunden in Quellwasser eingeweicht und gut abgetropft)
- 100 g Zucchini
- 1 Msp. Koriander
- ½ TL Schabzigerklee
- ½ TL Himalayasalz

Für den Belag:

- 400 g Makadamianuss-Frischkäse (siehe unter „Grundrezepte“, S. 127)
- 1 Stange Lauch
- 100 g weißer Rettich
- 3 Babygurken
- 8 Cherrytomaten
- 8 halbe getrocknete Tomaten
- 1 TL frisch gemahlener Pfeffer

Für die Maissoße:

- 1 Zuckermaiskolben
- 3 EL Olivenöl
- Quellwasser nach Bedarf

Teig: Die Sonnenblumenkerne und die Walnüsse in einer Küchenmaschine fein mahlen und mit dem Sesam in eine Glas- oder Keramikschüssel geben. Die Zucchini fein raspeln. Alle Zutaten mit den Gewürzen und dem Salz gut durchkneten und den Teig etwas ruhen lassen. Kleine rechteckige Bruschettabrote formen. Im Lebensmitteltrockner bei 40° C 12 Stunden trocknen lassen.

Belag: Den Lauch in dünne Ringe schneiden und fein wiegen. Den Rettich in kleine Würfel schneiden. Das klein geschnittene Gemüse mit dem Madadamianuss-Frischkäse gut vermischen. Die Gurken in Scheiben schneiden. Die Tomaten vierteln und die harten Teile entfernen. Etwas Pfeffer darauf mahlen. Die getrockneten Tomaten in feine Streifen schneiden.

Maissoße: Maiskörner vom Kolben entfernen und in einer Küchenmaschine mit Öl und Wasser zu einer cremigen Soße pürieren. Durch ein Haarsieb streichen.

Zuerst die Käsemasse auf das Bruschetta streichen. Danach den Belag dekorativ darauf verteilen. Die getrockneten Tomatenstreifen darüber streuen. Mit Maissoße verzieren.

Handgerolltes Mangold-Sushi (Temaki)**

Zutaten für 4 Personen

Für jedes Sushi 1 mittelgroßes Mangold-Blatt

Für den „Reis":

- 800 g Mandel-Frischkäse (siehe unter „Grundrezepte", S. 127)
- 4 Hand voll Sprossenmix
- 8 Hand voll Schnittlauch, fein gewiegt

Für die Füllung:

- 4 Hand voll Nori-Algen
- 16 grobe Streifen Takuan-Rettich
- 24 feine Streifen Karotte
- 4 Avocados (Fuerte), in feine Streifen geschnitten
- 2 Bund Schnittlauch
- Mayonnaise nach Geschmack (siehe unter „Grundrezepte", S. 123)
- 16 Schnittlauchhalme

Für die Beilage:

- milchsauer eingelegter Ingwer
- Shoyu
- Wasabi
- milchsauer eingelegter Takuan-Rettich

Von den Mangoldblättern das Weiße, Harte aus der Mitte herausschneiden. (Somit ist es ganz einfach, die Rolle für das Temaki zu wickeln.)

Reis: Die Sprossen im Keimgerät etwa 3 Tage keimen lassen. Den Frischkäse mit den frischen Sprossen und dem Schnittlauch gut vermischen.

Füllung: Die Nori-Algen gründlich waschen, gut abtropfen lassen und kurz in Shoyu baden. Im Lebensmitteltrockner ausbreiten und etwa ½ Stunde trocknen lassen. Jedes Mangoldblatt mit jeweils 1 Esslöffel Frischkäse-Mischung, 2 Takuan-Streifen, 3 Karottenstreifen, etwas Nori-Alge, 2 Schnittlauchhalmen, Avocadostreifen nach Belieben füllen. Wenn gewünscht, Mayonnaise dazugeben und mit Shoyusoße und Wasabi sowie dem eingelegten Ingwer reichen.

Gurkenschnitte mit knusprigen Haselnüssen**

Zutaten für 4 Personen

2 Hand voll Sprossenmix

Für die knusprigen Haselnüsse:

- 200 g Haselnüsse (10 Stunden in Quellwasser eingelegt und gut abgetropft)
- ½ TL Himalayasalz
- ½ TL Schabzigerklee

Für die Schnitte:

- 1 Gurke
- 1 Avocado (Hass)
- 2 Karotten
- 4 kleine Tomaten
- 1 Bund Schnittlauch
- 1 rote Paprika
- frisch gemahlener Pfeffer

Für das Dressing:

- 8 EL Shoyu
- 1 EL Zitronensaft
- 1 Scheibe frischer Ingwer (nach Geschmack)
- 2 Hand voll Rosinen (5 Stunden in Quellwasser eingeweicht)
- 1 kleine rote Peperoni
- 1 Msp. Himalayasalz
- 4 EL Hanfnussöl

Sprossen etwa 3 Tage keimen lassen.

Knusprige Haselnüsse: Haselnüsse mit Salz und Schabzigerklee in eine Zellophantüte geben und diese kräftig schütteln. Die Nüsse in der Tüte mit einem Hammer ein wenig zerkleinern. In den Lebensmitteltrockner geben und so lange bei 40° C trocknen lassen, bis sie knusprig sind (etwa 4 Stunden).

Schnitte: Gurke in 4 gleiche Teile schneiden. Karotten halbieren. Tomaten schälen (wie einen Apfel), harte Teile entfernen und das Fruchtfleisch in Scheiben schneiden. Gurkenstücke und Karotten der Länge nach in feine Scheiben hobeln. Avocado halbieren, entkernen, das Fruchtfleisch zerdrücken. Schnittlauch fein wiegen. Den größten Teil der Nüsse und des Schnittlauchs zu der Avocadomasse geben. (Den Rest zum Dekorieren aufbewahren.) Gut vermischen. Jede Schnitte separat herstellen: 2-mal abwechselnd Karotten, Gurkenscheiben, Tomaten und Avocadomasse aufeinander legen. Oben sollte die Avocadomasse sein. Die Paprika halbieren, entkernen, in kleine Würfel schneiden und mit den Sprossen, den restlichen Haselnüssen und dem restlichen Schnittlauch dekorativ um die Gurkenschnitte streuen. Bei Bedarf mit frisch gemahlenem Pfeffer würzen.

Dressing: Peperoni halbieren, entkernen und in kleine Stücke schneiden. Ingwerscheibe schälen. Alle Zutaten zu einer glatten Masse pürieren. Das Dressing auf und um die Schnitte herum träufeln.

Salate

Löwenzahn-Tomaten-Salat mit Rohmesan*

Zutaten für 1 Person

- Löwenzahnblätter nach Belieben
- 6 kleinere Tomaten oder Cherrytomaten
- ½ Zitrone
- 3 Borretschblätter
- 1 Msp. Himalayasalz
- 1 TL Petersilie, fein gewiegt
- 2 EL Olivenöl
- 20 g Rohmesan (siehe unter Grundrezepte", S. 128)

Löwenzahnblätter kann man überall finden. (Bitte darauf achten, dass die Blätter nicht direkt am Straßenrand oder in anderen umweltverschmutzten Gegenden gepflückt werden.)

Den Borretsch in ganz feine Streifen schneiden. Die Löwenzahnblätter *nicht* waschen. In mundgerechte Stückchen schneiden. Tomaten schälen und vierteln. Alle Zutaten in eine Glas- oder Keramikschüssel geben, den Saft der Zitrone und das Olivenöl darüber träufeln, das Salz dazugeben und alles vorsichtig mischen. Auf einem Teller hübsch anrichten. Rohmesankäse darüber streuen.

Karottensalat mit Weizenkeimlingen*

Zutaten für 4 Personen

Für den Salat:

- 2 EL Weizenkörner
- 750 g Möhren
- 1 Hand voll Petersilie, fein gewiegt
- 1 Hand voll Schnittlauch, fein gewiegt
- 1 EL Dill, fein gewiegt
- 1 EL Rosmarin, fein gewiegt

Für das Dressing:

- 1 Msp. Himalayasalz
- 1 TL Liebstöckelkraut
- 1 Msp. gemahlener Koriander
- 1 Msp. gemahlener Fenchel
- ½ TL abgeriebene Schale einer unbehandelten Zitrone
- 30 g Makadamianuss-Frischkäse (siehe unter „Grundrezepte", S. 127)
- 1 EL Zitronensaft
- 1 EL Hanfnussöl

Salat: Die Weizenkörner so lange keimen lassen, bis ein ungefähr 2 Zentimeter langer Keimling entstanden ist. Die Möhren gut waschen und abtrocknen. Die Enden abschneiden und die Karotten in grobe Stifte hobeln. Mit den Kräutern und den Weizenkeimen mischen und den Salat auf Tellern verteilen.

Dressing: Das Liebstöckelkraut fein wiegen. Das Salz mit den Gewürzen, dem Frischkäse, der abgeriebenen Zitronenschale und dem Zitronensaft in einer Glas- oder Keramikschüssel gut vermischen. Das Öl langsam zugeben und so lange rühren, bis sich die Zutaten gut miteinander vermischt haben. Das Dressing über den auf Tellern angerichteten Salat träufeln.

Feinschmeckersalat mit schwarzem Sesam und Nachos***

Zutaten für 4 Personen

Für die Nachos:

- 50 g helle Leinsamen
- ⅛ l Quellwasser
- 50 g Rohmesankäse (siehe unter „Grundrezepte", S. 128)
- 2 TL helles Shoyu
- 4 Datteln (Shahani)
- ½ Chilischote
- ½ TL frisch gemahlener Pfeffer
- ¼ Stange Lauch

Für das Dressing:

- 1 Zitrone
- ⅛ l Olivenöl
- 2 Bärlauchblätter
- 2 Tomaten
- 1 TL Paprikapulver
- 1 TL Himalayasalz
- 2 TL helles Miso
- 4 EL Quellwasser

Für den Salat:

- 4 Löwenzahn-Pflanzen (kultiviert)
- 2 Avocados (Nabal)
- 32 Oliven (Nyon oder Jumbo)
- 8 Rispentomaten
- 1 Karotte
- 1 EL schwarzer Sesam

Nachos: Leinsamen 4 Stunden im Wasser quellen lassen. Chilischote entkernen (Vorsicht, nicht in die Augen fassen!), sehr fein wiegen. Lauch fein wiegen. Leinsamen mit Schleim, Rohmesankäse und die entkernten Datteln im Mixer zu einem Teig pürieren. Gewürze und gewiegte Gemüse untermischen. Dünne, rechteckige Fladen auf ein Backpapier streichen. (Nicht zu dünn, der Schleim verdunstet beim Trocknen!). 12 Stunden im Lebensmitteltrockner trocknen lassen. Nach der Hälfte der Zeit das Papier entfernen und die Fladen wenden. Aus den Fladen kleine Nachos schneiden.

Dressing: Tomaten schälen und die harten Teile entfernen. Zitrone entsaften. Alle Zutaten außer Bärlauch in einer Schüssel mit der Gabel gut schlagen. Die Bärlauchblätter in dünne Streifen schneiden und zur Soße hinzugeben.

Salat: Von den Löwenzahn-Pflanzen die äußeren Blätter wegschneiden, bis das Salatherz übrig ist. Den Strunk aushöhlen und gerade abschneiden, damit das Salatherz stehen kann. Avocados schälen, halbieren und den Kern entfernen. Die Hälfte in dünne Scheiben schneiden, die andere Hälfte in mundgerechte Stücke. Tomaten schälen und ohne die harten und grünen Stellen in dünne Scheiben schneiden. Karotte mit der *Legumette* in feine „Nudeln" schneiden. Alles auf den Tellern anrichten. Mit der Salatsoße übergießen. 8 Oliven pro Teller dekorativ auf den Salat legen. Die Bärlauchstreifen auf den Salat geben und mit schwarzem Sesam bestreuen.

Rotkohl-Walnuss-Salat*

Zutaten für 4 Personen

Für die Walnüsse:

- 1 Hand voll Walnüsse (10 Stunden in Quellwasser eingeweicht und gut abgetropft)
- 2 Msp. Himalayasalz

Für den Salat:

- 200 g frischer Rotkohl
- ½ Romanasalat
- 12 Hand voll Löwenzahnblätter
- 6 Radieschen

Für das Dressing:

- 1 Zitrone
- ½ TL Paprikapulver
- 1 TL frischer Majoran
- 1 Prise Himalayasalz
- 3 EL Olivenöl

Zum Verzieren:

- 16 Borretsch-Blüten
- 16 Gänseblümchen-Blüten

Walnüsse: Die Walnüsse in kleine Stücke brechen. In eine Tüte geben und Himalayasalz darüber streuen. Die Walnüsse in der Tüte gut schütteln. Auf das Sieb des Lebensmitteltrockners geben und 12 Stunden bei 40° C trocknen lassen.

Salat: Den Rotkohl in feine Streifen schneiden. Radieschen in feine Scheiben schneiden. Den Romanasalat putzen und in mundgerechte Stücke zupfen. Löwenzahn in mundgerechte Stücke schneiden.

Dressing: Die Zitrone in eine Salatschüssel auspressen. Gewürze zugeben, alles gut verrühren und ziehen lassen.

Alle Zutaten in die Salatsoße geben und gut durchmischen. Mit Olivenöl – je nach Geschmack – beträufeln. Noch einmal vermengen. Zum Schluss Walnüsse auf den Salat streuen und den Salat mit Borretsch- und Gänseblümchen-Blüten verzieren.

Fenchel-Pfefferminz-Salat mit frischen Feigen*

Zutaten für 1 Person

Für den Salat:

- 1 Fenchelknolle
- 5 frische Feigen (Black Mission)

Für das Dressing:

- 6 Pfefferminzblätter
- 1 Blutorange
- 1 Msp. Himalayasalz
- 1 Msp. gemahlener Kardamom
- 1 TL Zitronensaft
- 3 EL Olivenöl

Salat: Von der Fenchelknolle die äußeren Blätter entfernen, da sie harte Blattrippen haben. Das untere harte Ende ebenfalls abschneiden. Die Knolle in dünne Scheiben schneiden. Die Feigen waschen, den Stil entfernen und vierteln. Eine halbe Feige zum Dekorieren übrig lassen. Die Fenschelscheiben und die geviertelten Feigen auf einem großen Teller dekorativ anrichten.

Dressing: Die Blutorange auspressen. Die Pfefferminzblättchen fein schneiden und in den Saft der Blutorange geben. Zitronensaft, Salz und Kardamom dazugeben. Das Ganze ½ Stunde ziehen lassen. Olivenöl zugeben und die Soße ein paar Minuten mit der Gabel schlagen, bis sie cremig wird.

Die Fenchelscheiben mit dem Dressing beträufeln. Das Fenchelgrün hacken und darüber streuen.

Chicoréesalat mit Walnüssen und Trauben*

Zutaten für 1 Person

Für den Salat:
- 1 Chicorée
- 20 rote Weintrauben
- 1 Avocado
- ½ süße Birne
- ½ süßer Apfel

Für das Dressing:
- 1 Apfel
- 1 EL Zitronensaft
- 1 Msp. Himalayasalz
- 1 Msp. Nelkenpulver
- 1 Msp. geriebene Muskatnuss
- 3 EL Walnussöl

Für die Walnüsse:
- 20 halbe Walnusskerne (10 Stunden in Quellwasser eingeweicht und gut abgetropft)
- 2 Msp. Himalayasalz

Salat: Chicorée waschen, welke Blätter entfernen und vom Strunkende eine Scheibe abschneiden. Den Rest in mundgerechte Stücke schneiden. Die Avocado halbieren, entkernen, schälen und in mundgerechte Würfel schneiden. Birne und Apfel waschen, halbieren, je eine Hälfte ohne Kerngehäuse achteln und in dünne Scheiben schneiden. Die Weintrauben waschen. Die Beeren von den Stielen zupfen und halbieren. (Wer die Kerne nicht mag, kann sie entfernen.) Den Chicorée vorsichtig mit den zerkleinerten Früchten mischen.

Dressing: Den Apfel entsaften, mit dem Zitronensaft und den Gewürzen verrühren, bis sich das Salz völlig aufgelöst hat. Das Öl zugießen und schlagen, bis eine homogene Masse entsteht.

Walnüsse: Die Walnüsse in kleine Stücke brechen. In eine Tüte geben und Himalayasalz darüber streuen. Die Walnüsse in der Tüte gut schütteln. Im Lebensmitteltrockner 12 Stunden bei 40° C trocknen lassen. So werden sie richtig knusprig!

Das Dressing über den Salat gießen und vorsichtig vermengen. Zum Schluss die Nüsse darüber verteilen.

Paprika-Apfel-Salat*

Zutaten für 1 Person

Für den Salat:

- 1 rote Paprikaschote
- 1 süßer Apfel
- 2 EL Petersilie, fein gewiegt

Für das Dressing:

- 2 Äpfel
- 3 EL Hanfnussöl
- 1 Msp. geriebener Ingwer
- 1 Msp. Zimt
- 1 TL frisch geriebener Meerrettich
- 1 TL Zitronensaft
- 1 Msp. Himalayasalz

Salat: Die Paprika halbieren, die Kerne entfernen und die beiden Hälften klein schneiden. Den Apfel halbieren, das Kerngehäuse entfernen und das Fruchtfleisch in genauso kleine Stücke schneiden. Alles zusammen mit der Petersilie in einer Glas- oder Keramikschüssel mischen, das Dressing darüber träufeln und sofort servieren.

Dressing: Die Äpfel entsaften. Saft mit den übrigen Zutaten in einer Glas- oder Keramikschüssel mit der Gabel kräftig schlagen.

Spinatsalat mit Makadamianuss-Frischkäse**

Zutaten für 4 Personen

Für den Salat:

- 300 g Spinat
- 1 Karotte
- 5 Tomaten
- 5 Radieschen
- ¼ Salatgurke
- 100 g Walnüsse (10 Stunden in Quellwasser eingeweicht und gut abgetropft)

Für das Dressing:

- 2 EL Zitronensaft
- 1 Msp. Himalayasalz
- 1 Msp. Paprikapulver
- 1 Msp. Schabzigerklee
- 1 Msp. Boxhornklee
- 3 EL Olivenöl

400 g Makadamianuss-Frischkäse (siehe unter „Grundrezepte", S. 127)

Salat: Die Walnüsse grob auseinander brechen. Im Lebensmitteltrockner 6 Stunden trocknen lassen, damit sie schön knusprig werden. Den Spinat mehrmals waschen, von den Stielen befreien und in mundgerechte Stücke zupfen. Die Karotte grob hobeln. Die Radieschen in feine Scheiben schneiden. Die Gurke halbieren und in Scheiben schneiden. Die Tomaten vierteln und die harten Teile entfernen.

Dressing: In einer großen Salatschüssel den Saft der Zitrone mit den Gewürzen mischen.

Den Spinat, die Karotte, die Tomaten, die Radieschen und die Gurke in der Salatsoße wenden. Das Olivenöl darüber gießen und noch einmal vorsichtig mischen. Aus dem Käse vier Dreiecke formen und je eines in die Mitte auf einen Teller setzen, mit Spinatsalat umlegen und mit den knusprigen Walnüssen verzieren.

Suppen

Zutaten für 4 Personen

2 Avocados
2 rosa Grapefruit
4 Orangen

Avocadosuppe mit Orangen*

Avocados halbieren, entkernen und mit dem Löffel das Fleisch in eine Glas- oder Keramikschüssel geben. Die Grapefruits und die Orangen auspressen. (Etwas Orangenfleisch zum Dekorieren aufbewahren.) Saft und Avocadostücke in der großen Schüssel mit dem Pürierstab zu einer Suppe verarbeiten.

Karottencremesuppe mit Birnenstreifen*

Zutaten für 4 Personen

Für die Einlage:

½ Birne

Für die Suppe:

800 g Karotten

40 g Makadamianuss-Frischkäse (siehe unter „Grundrezepte“, S. 127)

1 Avocado

1 Msp. Muskat

2 Msp. Himalayasalz

Einlage: Die Birne halbieren, das Kerngehäuse entfernen und die Hälfte der Frucht in möglichst dünne Scheiben schneiden. Birnenscheiben im Lebensmitteltrockner bei 40° C etwa 4 Stunden trocknen lassen. In einem luftdichten Behälter aufbewahren.

Suppe: Die Karotten entsaften. Die Avocado halbieren, entkernen und das Fruchtfleisch mit einem Löffel in eine große Glas- oder Keramikschüssel geben. Karottensaft, Makadamianuss-Frischkäse und Avocadofleisch pürieren. Mit den Gewürzen abschmecken. In die Teller gießen und die getrockneten Birnenscheiben darauf legen. Sofort servieren.

Karotten-Tomaten-Cremesuppe mit Lauch-Käse-Puffer**

Zutaten für 4 Personen

Für die Suppe:

- 800 g Karotten
- 4 Tomaten
- ½ Avocado
- 2 TL helles Miso
- 1 Bund Schnittlauch

Für die Puffer:

- 100 g Weizen
- ½ Stange Lauch
- 10 Oliven
- 1 TL frische Peperoni, entkernt und fein gewiegt
- ½ TL Himalayasalz

Suppe: Die Karotten entsaften. Die Tomaten schälen, die harten Teile entfernen und den Rest in eine große Glas- oder Keramikschüssel geben. Die Avocado halbieren, entkernen und mit einem Löffel die Hälfte des Fruchtfleisches zu den Tomaten geben. Den Karottensaft und das Miso ebenfalls in die Schüssel füllen. Das Ganze mit dem Pürierstab zu einer cremigen Suppe verarbeiten.

Lauch-Käse-Puffer: Die Weizenkörner so lange keimen lassen, bis ein kleiner Spross zu sehen ist. Dann knapp mit Wasser bedecken und 2 Tage gären lassen. (Die Weizenkörner sollten säuerlich riechen.) Das Wasser abgießen und nur abtropfen lassen, damit nach dem Trocknen ein Käsearoma entsteht. (Wenn die Weizenkörner gespült werden, ist der Käsegeschmack nach dem Trocknen nicht ganz so intensiv.) Den Lauch fein wiegen. Die Oliven entkernen und das Olivenfleisch klein schneiden. Alle Zutaten zu einem lockeren Teig verkneten und 2 Stunden ruhen lassen. Kleine Puffer formen und im Lebensmitteltrockner 12 Stunden bei 40° C trocknen lassen. Nach der Hälfte der Zeit wenden.

Blumenkohlcremesuppe mit Zucchinifischchen und Safran*

Zutaten für 4 Personen

Für die Suppe:

- 500 g Blumenkohlröschen
- 1 Avocado (Negritto)
- 4 EL Olivenöl
- 2 TL Limonensaft
- 2 Datteln (Zahidi)
- ½ TL Himalayasalz
- ⅛ l Quellwasser (evtl. etwas mehr)
- ½ TL frisch geriebene Muskatnuss

Für die Einlage:

- ¼ Zucchini
- 2 Msp. Safran

Suppe: Blumenkohlröschen waschen. Datteln entkernen. Die Avocado halbieren, entkernen und mit dem Löffel das Fruchtfleisch herauslösen. Alle Zutaten in einen Mixer geben oder mit dem Pürierstab so lange rühren, bis eine cremige Suppe entstanden ist. Durch ein Haarsieb streichen. Die Muskatnuss in die Suppe reiben und gut verrühren. In Teller gießen.

Einlage: Die Zucchini ganz dick schälen. Aus der Schale Fischchen schneiden. Den Rest der Zucchini fein würfeln und in die Suppe geben. Safran dekorativ darüber streuen.

Zutaten für 4 Personen

400 g Kürbis
4 Karotten
2 Orangen
½ Avocado
½ TL Himalayasalz
1 - 2 TL frisch geriebener Meerrettich

Kürbiscremesuppe mit frisch geriebenem Meerrettich*

Den Kürbis waschen, von den Kernen befreien und in maschinengerechte Stücke schneiden. Karotten waschen und die Enden abschneiden. Orangen schälen wie einen Apfel (das weiße am Fleisch dranlassen). Kürbis, Karotten und Orangen entsaften. Den Saft in eine große Glas- oder Keramikschüssel füllen. Die Avocado halbieren, den Kern entfernen und das Fruchtfleisch mit einem Löffel ebenfalls in die Schüssel geben. Das Ganze mit dem Pürierstab cremig rühren. Mit Salz abschmecken und je nach Geschmack frischen Meerrettich darüber raspeln.

Shitakepilz-Consommé*

Zutaten für 4 Personen

Für die Suppe:

- 100 g Shitakepilze (getrocknet)
- 3 TL Shoyu
- 600 ml Quellwasser

Für die Einlage:

- 1 Hand voll Kresse
- 2 TL Limonensaft
- 8 Radieschen
- ½ Peperoni
- 16 Augenbohnen (etwa 4 Tage gekeimt)
- 1 TL Himalayasalz

Suppe: Die Pilze in dem Wasser 3 Stunden einweichen. Wasser von den Pilzen trennen. Stiele von den Pilzen entfernen und die Hütchen in hauchdünne Streifen schneiden. Das Pilzwasser mit Shoyu würzen, die Pilzstreifen dazugeben.

Einlage: Die Radieschen hauchdünn schneiden und mit dem Salz und dem Limonensaft vermischen. ½ Stunde ziehen lassen. Die Radieschenscheiben vom Wasser, das sich gebildet hat, trennen. Das Wasser in die Pilzflüssigkeit gießen. Von den gekeimten Bohnen die Haut abziehen. Die Peperoni halbieren, entkernen und eine Hälfte in sehr dünne Scheiben schneiden. Alle Zutaten gleichmäßig auf die Suppenteller verteilen und mit der Pilzsuppe übergießen. Mit Kresse verzieren.

Zucchinisuppe mit Käsecrackern**

Zutaten für 4 Personen

Für die Suppe:

- 4 Zucchini
- ¼ l Quellwasser
- 1 TL helles Miso
- 1 TL helles Shoyu
- ¼ TL Himalayasalz
- 1 TL Zitronensaft
- Pfeffer

Für die Einlage:

- ½ roter Rettich
- 2 Zucchini
- 20 Makadamianüsse (10 Stunden in Quellwasser eingeweicht und gut abgetropft)
- ¼ TL Himalayasalz
- ⅛ l Quellwasser

Suppe: Zucchini schälen, mit dem Wasser und dem Zitronensaft in einem Mixer zu einer cremigen Suppe pürieren. Mit Miso, Shoyu, Salz und Pfeffer abschmecken. Die Suppe in Teller füllen.

Einlage: Die Zucchini mit den Nüssen und dem Quellwasser in einem Mixer zu Mus verarbeiten. Von diesem Teig mit einem kleinen Löffel Häufchen auf ein Backpapier setzen. Im Lebensmitteltrockner 12 Stunden trocknen lassen. Das Backpapier abnehmen und noch einmal 1 Stunde trocknen lassen. Vom Rettich 12 dünne Scheiben abhobeln. Je 3 in einen Teller Suppe legen. Auf jede Scheibe einen Käsecracker (sie schmecken leicht nach Käse) geben und sofort servieren.

Rote-Beete-Suppe mit Apfel-Zimt-Knödel**

Zutaten für 4 Personen

Für die Suppe:
- 4 Rote Beete
- ¼ l Quellwasser
- 1 Avocado
- ½ TL Zitronensaft
- ½ TL Himalayasalz
- 1 Msp. Nelkenpulver
- 2 Msp. frisch geriebener Muskat
- Pfeffer

Für die Knödel:
- 100 g Leinsamen
- 5 süße Äpfel
- ½ TL Zimt
- 2 Msp. Himalayasalz
- 1 TL Zitronensaft

Suppe: Rote Beete in den Entsafter geben. Die Avocado halbieren, entkernen und mit dem Löffel das Fruchtfleisch in den Rote-Beete-Saft geben. Wasser zugießen. Mit dem Pürierstab zu einer cremigen Suppe verarbeiten. Zitronensaft, Gewürze und Salz untermischen; mit Pfeffer abschmecken. In Suppenteller gießen.

Knödel: Leinsamen in einer Küchenmaschine fein mahlen. Drei der Äpfel entsaften und den Saft über den Leinsamenschrot geben. Die beiden restlichen Äpfel fein wiegen und mit dem Salz, dem Zitronensaft und dem Zimt unter die Leinsamenmasse mischen. Gut vermengen und mindestens 1 Stunde quellen lassen. Aus der Apfelmasse Knödel stechen und jeweils einen Knödel in einen Teller Suppe geben.

Zutaten für 4 Personen

Für die Suppe:
- 8 große Tomaten
- 1 Avocado
- 50 ml Quellwasser
- 2 TL Zitronensaft
- 1 TL Himalayasalz
- 1 kleine Chilischote
- 1 TL Paprikapulver
- 1 TL Chilipulver

Für die Klößchen:
- 2 Bananen
- 50 g Leinsamen
- 40 g Kokosraspel
- 2 Datteln (Khadrawi)

Pikante Tomatencremesuppe mit Kokos-Bananen-Klößchen**

Suppe: Die Tomaten schälen und die harten Teile entfernen. Die Avocado halbieren, entsteinen und mit dem Löffel das Fruchtfleisch herauslösen. Die Chilischote halbieren, die Kerne sorgfältig entfernen und die Schote ganz fein wiegen. (Achtung, die Hände nachher gut waschen – nicht in die Augen fassen!) Alle Zutaten in eine große Glas- oder Keramikschüssel geben und fein pürieren. In die bereitstehenden Teller füllen.

Klößchen: Die Leinsamen fein mahlen. Die Bananen schälen und mit der Gabel so lange zerdrücken, bis sie Wasser ziehen und eine glatte Masse entstanden ist. Die Datteln entkernen und in einer Küchenmaschine zu Mus verarbeiten. Alle Zutaten in einer Schüssel gut mischen und mindestens 1 Stunde stehen lassen. Klößchen stechen und in die mit Suppe gefüllten Teller geben. (Wenn der Teig zu fest sein sollte, etwas Wasser zugeben.)

Maissuppe mit Borretschblüten*

Zutaten für 2 Personen

- 4 frische Zuckermaiskolben
- ⅓ l Quellwasser
- 1 TL Limonensaft
- 1 TL helles Shoyu
- ¼ TL Curry
- 1 EL Olivenöl
- 6 Borretschblüten
- Pfeffer

Die Maiskörner vom Kolben abschaben und mit dem Wasser in einem Mixer pürieren. Die Masse durch ein Haarsieb passieren. Mit Olivenöl, Limonensaft, Shoyu und Curry abschmecken. Pfeffer nach Bedarf frisch in die Suppe mahlen. Mit den Borretschblüten verzieren.

Mangosuppe mit Chili*

Zutaten für 4 Personen

- 1 Avocado
- 300 g Mangofleisch
- 0,3 l Quellwasser
- 1 Scheibe frischer Ingwer (nach Geschmack)
- 2 EL Zitronensaft
- 1 TL Himalayasalz
- 1 Msp. Nelken
- 1 Msp. Muskatnuss
- 1 Chilischote

Die Avocado halbieren, entkernen und das Fruchtfleisch mit dem Löffel aus der Schale lösen. In eine Keramik- oder Glasschüssel geben. Die Mango schälen, entkernen und das Fruchtfleisch mit der Avocado, dem Wasser und dem Zitronensaft pürieren. Die Ingwerscheibe schälen und sehr fein wiegen. Die Chilischote entkernen und fein wiegen. (Zum Dekorieren ein paar Ringe übrig lassen.) Die Gewürze zu der Suppe geben und noch einmal kräftig rühren. In Suppenteller gießen und mit den übrig gelassenen Chiliringen verzieren.

Spinat-Topinambur-Suppe mit Avocadobällchen*

Zutaten für 4 Personen

Für die Suppe:

- 20 Knollen Topinambur
- 6 mittelgroße süße Äpfel
- 200 g Spinat (fertig geputzt bleiben etwa 100 g übrig)
- ½ Limone
- ¼ l Quellwasser
- ½ TL Himalayasalz
- 1 EL Shoyu
- Pfeffer

Für die Einlage:

- 1 Avocado (Hass)
- 2 Msp. Himalayasalz
- 80 g Pinienkerne

Suppe: Topinamburknollen und Äpfel entsaften. Die Limone auspressen und ebenfalls zu den Säften geben. Gut umrühren und mit den Gewürzen abschmecken. Den Spinat waschen, putzen, ganz fein wiegen und in die Suppe geben.

Einlage: Die Avocado halbieren, entkernen und mit dem Löffel das Fruchtfleisch in eine Glas- oder Keramikschüssel geben. Mit der Gabel grob zerdrücken. Die Pinienkerne fein hacken. Mit dem Salz unter die Avocadomasse mischen und das Ganze 2 Stunden ziehen lassen. Kleine Bällchen formen und in die Suppe geben.

Zutaten für 4 Personen

Für die Suppe:

- 2 Salatgurken
- 1 Avocado
- 2 Orangen
- 2 Msp. Himalayasalz
- 4 EL frische Dillspitzen, fein gewiegt

Für die Tomatennockerln:

- 6 mittelgroße Tomaten
- 100 g Leinsamen
- ½ Johannisbrot-Schote
- 1 Orange
- ½ TL Peperoni, entkernt und fein gewiegt
- 1 TL Zitronensaft
- ½ TL Paprikapulver
- 2 Msp. Himalayasalz
- 2 Msp. Schabzigerklee

Gurkencremesuppe mit Tomatennockerln**

Suppe: Die Orangen entsaften und den Saft in eine Glas- oder Keramikschüssel füllen. Die Avocado schälen, entkernen, das Fruchtfleisch mit dem Löffel herauslösen und zum Orangensaft geben. Die Gurken schälen, vierteln und ebenfalls zum Orangensaft geben. Diese Zutaten mit dem Pürierstab cremig rühren. Mit dem Salz abschmecken. Die Dillspitzen unter die Suppe mischen. In Suppenteller gießen.

Nockerln: Die Tomaten schälen, harte Teile entfernen und das Fruchtfleisch in kleine Würfel schneiden. Johannisbrot-Schote entkernen und in einer Küchenmaschine zu grobem Mehl schroten. Die Orange entsaften. Alle Zutaten zu den Tomaten geben, gut vermischen und 2 Stunden quellen lassen. Aus dem Tomatenteig Nockerln stechen und in die Suppe legen. Mit einem Dillsträußchen dekorieren.

Klare Tomatensuppe mit Gemüsenüdeli*

Zutaten für 2 Personen

Für die Suppe:

- 12 große Tomaten (keine Fleischtomaten)
- 1 Msp. Chilipulver
- 1 Msp. Paprikapulver
- 1 Msp. Himalayasalz
- 1 Chilischote
- 2 Rucolablätter
- Rohmesan (siehe unter „Grundrezepte", S. 128)

Für die Einlage:

- ½ Gurke
- ½ Karotte
- ½ Kohlrabi

Suppe: Die Tomaten halbieren und den Saft mit der Hand in eine Glas- oder Keramikschüssel herausdrücken. Die Flüssigkeit durch ein Haarsieb streichen. Die Chilischote halbieren,entkernen, in hauchdünne Streifen schneiden (Achtung, nicht in die Augen fassen!) und zur Tomatensuppe geben. Mit den Gewürzen abschmecken und in Suppenteller gießen. Die Rucolablätter fein wiegen und zum Dekorieren aufbewahren.

Einlage: Die Gemüse mit einer *Legumette* zu feinen „Nüdeli" schneiden.

Die drei Sorten Gemüsenudeln schön in der Mitte des Tellers drapieren. Mit dem fein gewieg-ten Rucola und dem Rohmesan bestreuen.

Haupt-
gerichte

Walnuss-Igeli mit exotischer Tomatensoße*

Zutaten für 4 Personen

Für die „Igeli":

- 200 g Walnüsse (10 Stunden in Quellwasser eingeweicht und gut abgetropft)
- 100 g Pinienkerne (10 Stunden in Quellwasser eingeweicht und gut abgetropft)
- 2 große Karotten
- 1 Pastinake
- 1 gelbe Paprika
- 1 rote Paprika
- 50 g Kokosnussfleisch
- 2 Hand voll glatte Petersilie
- 1 TL Himalayasalz

Für die exotische Tomatensoße:

- 8 Tomaten
- 5 halbe getrocknete Tomaten
- 20 Basilikumblätter
- 3 Datteln (Halawi)
- 2 EL Olivenöl
- 1 EL Zitronensaft
- ½ TL Himalayasalz

„Igeli": Walnüsse und Pinienkerne in einer Küchenmaschine fein mahlen. (Ein paar Pinienkerne für die Dekoration beiseite legen.) Die Karotten und die Pastinake mittelfein raspeln. Die gelbe und die rote Paprika halbieren, die Kerne und den Stiel entfernen. Für die Beine der Igel feine Streifen schneiden; die restliche Paprika in kleine Würfel schneiden. Das Kokosfleisch klein schneiden. Die Petersilie fein wiegen. Alle Zutaten (außer den Paprikastreifen) gut durchmischen, zu runden Kugeln formen. „Stacheln" aus Pinienkernen hineinstecken, Beine aus Paprikastreifen daranlegen und als „Igel" dekorieren.

Exotische Tomatensoße: Die Tomaten mit einem Messer schälen und grüne sowie harte Teile entfernen. Die Datteln entkernen und mit den Tomaten in einer Küchenmaschine zu Mus verarbeiten. Das Ganze in eine Glas- oder Keramikschüssel geben. Die getrockneten Tomaten in der Küchenmaschine sehr fein mahlen. Basilikum fein schneiden. Alle Zutaten in der Schüssel gut mit einer Gabel aufschlagen. 1 Stunde ruhen lassen.

Sonnenbällchen mit Karotten-Birnen-Soße*

Zutaten für 4 Personen

Für die Sonnenbällchen:

- 100 g Sonnenblumenkerne (10 Stunden in Quellwasser eingeweicht und gut abgetropft)
- 100 g Mandelkerne (10 Stunden in Quellwasser eingeweicht und gut abgetropft)
- 3 Karotten
- 1 Stange Lauch
- 2 Selleriestangen
- 1 Pastinake (oder Petersilienwurzel)
- 3 EL Mayonnaise (siehe unter „Grundrezepte", S. 123)
- 1 Hand voll glatte Petersilie
- 1 TL Shoyu

Für die Soße:

- 300 g Karotten
- 1 Birne
- ½ Avocado
- 1 Hand voll glatte Petersilie
- 1 TL Himalayasalz
- 2 EL Hanfnussöl

Zum Dekorieren:

- 100 g Feldsalat
- 2 Hand voll Hanfsamen

Sonnenbällchen: Die Sonnenblumenkerne und die Mandeln in einer Küchenmaschine fein mahlen. Karotten und Pastinake fein raspeln, Selleriestangen und Lauch fein hacken. Petersilie ganz fein wiegen. Alles in einer großen Glas- oder Keramikschüssel gut mischen, mit der Sojasoße abschmecken und zu kleinen Kugeln formen.

Soße: Karotten und Birne entsaften. Die Avocado halbieren, entkernen und mit dem Löffel das Fruchtfleisch einer Hälfte aus der Schale lösen. Mit den Säften, dem Salz und dem Hanfnussöl in eine große Glas- oder Keramikschüssel geben. Gut mit dem Pürierstab zerkleinern. Die Petersilie fein wiegen und in die Soße geben.

Den Feldsalat waschen und einzelne Blätter abzupfen. Dekorativ auf 4 Tellern verteilen. Die Bällchen darauf platzieren, die Soße darüber gießen und die Hanfsamen darüber streuen.

Sauerkrautroulade an Radicchiosalat und Wacholderschaumsoße***

Zutaten für 4 Personen

6 milchsauer eingelegte ganze Sauerkrautblätter (siehe unter „Grundrezepte", S. 124 f.)

Für die Füllung:

- 200 g Sonnenblumenkerne (10 Stunden in Quellwasser eingeweicht und gut abgetropft)
- 200 g Haselnüsse (10 Stunden in Quellwasser eingeweicht und gut abgetropft)
- 3 Karotten
- 1 Stange Lauch
- 1 kleine Rote Beete
- 2 Stangensellerie
- 2 Hand voll glatte Petersilie
- 1 TL Himalayasalz

Für den Salat:

- 2 Radicchio-Salate
- 1 Frisée-Salat
- ½ Zitrone
- 4 EL Olivenöl
- ½ TL Himalayasalz
- etwas Quellwasser

Für die Soße:

- 30 g Pinienkerne
- 1 Rote Beete
- 1 Hand voll Wacholderbeeren
- 1 Msp. Nelken
- 3 Hand voll Rosinen
- ½ TL Zitronensaft
- 1 TL Shoyu
- 4 EL Olivenöl
- ⅛ l Quellwasser

Roulade: Die milchsauer eingelegten Krautblätter auf einer Arbeitsfläche so auslegen, dass sie einander ein wenig überlappen.

Füllung: Sonnenblumenkerne und Haselnüsse in einer Küchenmaschine fein mahlen. Karotten und Rote Beete fein raspeln. Sellerie in kleine Stückchen hacken. Die hellgrünen Teile vom Lauch in feine Ringe schneiden und fein wiegen. Petersilie fein wiegen. Alle Zutaten mit dem Salz in eine große Schüssel geben und gut vermischen.

Salat: Die Salatköpfe waschen und die Blätter in mundgerechte Stücke zupfen. Das Salz mit dem Zitronensaft, dem Wasser und dem Olivenöl gut verquirlen. Alle Zutaten in einer Glas- oder Keramikschüssel vorsichtig mischen.

Soße: Die Wacholderbeeren mit dem Wasser, den Rosinen und den Pinienkernen im Mixer gut pürieren. 10 Stunden ziehen lassen. Die Masse durch ein Haarsieb streichen und mit Shoyu, Zitronensaft, Nelken und Olivenöl verrühren.

Die Füllung etwa 1 Zentimeter dick auf die vorbereiteten Sauerkrautblätter streichen und zu einer Roulade rollen. Gut zusammendrücken. In 5 Zentimeter dicke Stücke schneiden, aufrecht gestellt anrichten. Mit Salat umlegen und mit der Soße beträufeln.

Paprikaratatouille mit Polenta*

Zutaten für 4 Personen

Für das Ratatouille:

- 1 grüne Paprika
- 1 rote Paprika
- 8 Champignons
- 8 Champignons
- 1 Chilischote
- 1 TL Zitronensaft
- ¼ TL Himalayasalz
- 3 EL Olivenöl
- Pfeffer

Für die Polenta:

- 2 Maiskolben (Sweetcorn)
- 100 g und 40 einzelne Makadamianüsse (10 Stunden in Quellwasser eingeweicht und gut abgetropft)
- 100 g und 20 g Pinienkerne (10 Stunden in Quellwasser eingeweicht und gut abgetropft)
- 1 rote Peperoni, entkernt und fein gewiegt
- ½ TL Himalayasalz
- ¼ Zitrone
- ½ TL Pfeffer
- 4 EL Petersilie, grob gewiegt
- 3 EL Olivenöl

Ratatouille: Paprika halbieren und die Kerne entfernen. Paprikahälften in grobe Würfel schneiden. Von den Champignons den Stiel entfernen und den Kopf in feine Scheiben schneiden. Chilischote halbieren, entkernen und fein wiegen. Zitronensaft, Olivenöl und Salz in einer Glas- oder Keramikschüssel gut vermengen. Die Paprikawürfel und die Chili dazugeben und mit Pfeffer abschmecken. Die Champignonscheiben erst kurz vor dem Servieren unterheben!

Polenta: Die Maiskörner von den Kolben schneiden, mit den 100 Gramm Makadamianüssen und den 100 Gramm Pinienkernen in einem Mixer zu einer dicken Masse pürieren. Die restlichen 40 Nüsse und 20 Pinienkerne grob hacken. Die Mais-Nuss-Masse mit den restlichen Zutaten, den übrigen Maiskörnern, den grob gehackten Nüssen und Pinienkernen mischen und das Ganze in vier Häufchen auf ein Backpapier setzen. Im Lebensmitteltrockner 3 Stunden trocknen lassen. Die Häufchen sollten außen trocken, innen jedoch noch nass sein.

Die Polenta mit dem Ratatouille auf einem Teller anrichten und mit Olivenöl umträufeln.

Spaghetti mit Tomatensoße**

Zutaten für 1 Person

2 Zucchini

Für die Tomatensoße:

- 12 halbe getrocknete Tomaten (6 Stunden in Quellwasser eingeweicht und gut abgetropft)
- 4 Tomaten
- 1 Zuckermaiskolben
- 3 EL Olivenöl
- 3 Datteln (Halawi)
- 2 Msp. Himalayasalz
- ½ TL frische Thymianblätter
- 2 TL frische Oreganoblätter
- 8 frische Basilikumblätter

Rohmesan (siehe unter „Grundrezepte", S. 128)

Spaghetti: Mit einer Legumette aus den Zucchini Spaghetti schneiden und auf einem Teller anrichten.

Tomatensoße: Die getrockneten Tomatenhälften in einer Küchenmaschine zerkleinern. Die ganzen Tomaten schälen, das Harte wegschneiden und das Tomatenfleisch zu den getrockneten Tomatenhälften geben. Die Datteln entkernen und ebenfalls dazugeben. Das Ganze mit Salz und Olivenöl pürieren. Die Kräuter fein wiegen, die Körner vom Maiskolben entfernen und in die Tomatenmasse mischen. Diese Masse nun so lange in einer großflächigen Keramikschale im Lebensmitteltrockner bei 40° C trocknen lassen (etwa 2 Stunden), bis sie etwas eingedickt ist.

Die Soße auf die Spaghetti geben und den Rohmesan darüber hobeln.

Spaghettikürbis mit Pesto**

Zutaten für 4 Personen

800 g Spaghettikürbis

Für das Pesto:

- 60 g frische Basilikumblätter
- 30 g Pinienkerne (6 Stunden in Quellwasser eingeweicht und gut abgetropft)
- 4 EL Bärlauchöl (siehe unter „Grundrezepte", S. 122)
- 4 EL Rohmesan (siehe unter „Grundrezepte", S. 128)
- ½ TL Himalayasalz

Spaghetti: Den Kürbis halbieren, die Spaghetti mit dem Löffel aus dem Kürbis herauskratzen und auf einem Teller platzieren. (Wenn Sie einen kleinen Kürbis haben, in dem sich nur wenig „Spaghetti" befinden, können Sie das Fleisch des Kürbises mit einer Legumette in ganz feine Spaghetti schneiden.)

Pesto: Basilikum und Pinienkerne im Mixer gut pürieren. Bei eingeschaltetem Gerät das Bärlauchöl in feinem Strahl zugießen, bis die Soße bindet. Den geriebenen Rohmesan dazugeben und kurz weiterrühren. Die Soße abschmecken und ggf. nachsalzen.

Die Spaghetti mit der Soße mischen und sofort servieren.

Zutaten für 4 Personen

- 200 g Sonnenblumenkerne (10 Stunden in Quellwasser eingeweicht und gut abgetropft)
- 200 g Mandelkerne (10 Stunden in Quellwasser eingeweicht und gut abgetropft)
- 1 Stange Lauch
- 3 Karotten
- 2 Stangensellerie
- ½ Kohlrabi
- 1 rote Paprika
- 1 gelbe Paprika
- 1 Sträußchen Petersilie
- 2 EL Shoyu

Festtagsgericht mit Tomatensoße**

Tomatensoße: Nehmen Sie das Rezept unter „Grundrezepte" (S. 126), von „Spaghetti mit Tomatensoße" (S. 60) oder die exotische Tomatensoße („Walnuss-Igeli mit exotischer Tomatensoße", S. 56). Diese Soßen schmecken sehr gut und passen hervorragend zum Festtagsschmaus.

Die Sonnenblumenkerne und die Mandelkerne in einer Küchenmaschine klein hacken. Den Lauch in dünne Ringe schneiden. Die Karotten in einer Küchenmaschine fein raspeln. Den Stangensellerie und den Kohlrabi von Hand in kleine Stücke hacken. Die gelbe und die rote Paprika halbieren, entkernen und ebenfalls in kleine Stückchen schneiden. Die Petersilie fein wiegen. Alles zusammen in eine große Glas- oder Keramikschüssel geben und gut vermengen. Mit dem Shoyu abschmecken und mit einer der Tomatensoßen servieren.

Zweifarbige Powerpastete mit Schnittlauchsoße***

Zutaten für 4 Personen

Für die 1. Schicht:

- 1 gelbe Paprika
- 200 g Mandeln
- 2 große Stangensellerie mit Grün
- 2 EL gekeimter Weizen
- 50 g eingeweichte Sonnenblumenkerne
- 1 Apfel
- Saft von ½ Zitrone
- ½ TL Himalayasalz
- 2 EL Hanfnussöl

Für die 2. Schicht:

- 10 g Shitakepilze
- 150 g eingeweichte Walnüsse
- 1 mittelgroßer Kohlrabi mit zartem Grün
- 1 TL Tahin
- 1 EL Shoyu
- 1 TL dunkles Miso
- 1 Hand voll Schnittlauch
- 6 Blätter vom Liebstöckel
- 2 EL Hanfnussöl

Für die Schnittlauchsoße:

- 50 g Mandeln
- 1 Avocado
- ¼ l Quellwasser
- ½ Chilischote
- ¼ Johannisbrot-Schote
- 1 TL Zitronensaft
- 1 TL Himalayasalz
- 1 TL Paprikapulver
- 1 Msp. Pfeffer
- 2 Msp. Kurkuma
- 1 Bund Schnittlauch

1. Schicht: Paprika und Stangensellerie mit Grün fein hacken. Abgetropfte Sonnenblumenkerne und Mandeln in der Maschine fein mahlen. Apfel fein raspeln. Alle Zutaten mit dem Saft der Zitrone, dem Öl und dem Salz in eine große Schüssel geben und gut durchkneten. Die Masse in eine mit Frischhaltefolie ausgelegte Kastenform füllen und gut festdrücken.

2. Schicht: Pilze und Kohlrabi mit dem zarten Grün fein hacken, Walnüsse grob hacken. Mit fein gewiegten Kräutern, dem Öl, den Soßen und Gewürzen in einer großen Schüssel gut durchkneten. Die Masse in die Kastenform geben und festdrücken. Mit der Folie bedecken und 2 Stunden im Kühlschrank ziehen lassen.

Schnittlauchsoße: Mandeln mit Wasser pürieren und das Ganze durch ein Sieb streichen. (Mandelmasse aufbewahren – sie kann für Müsli benutzt werden.) Avocado halbieren, entkernen, das Fleisch mit einem Löffel aus der Schale holen. Johannisbrot-Schote entkernen und im Mixer fein mahlen. Mit der Mandelmilch, dem Avocadofleisch und dem Zitronensaft gut verrühren. Chilischote entkernen und ganz fein wiegen. Schnittlauch sehr fein schneiden. Gewürze und klein geschnittenen Kräuter zu der Mandel-Avocado-Masse geben und gut mit der Gabel aufschlagen.

Dreifarbige Herbsttimbale mit Paprika-Mango-Soße***

Zutaten für 4 Personen

1 Kuchenform von 20 Zentimetern Durchmesser, mit Frischhaltefolie ausgelegt

Für die 1. Schicht:

- 300 g Blumenkohl
- 100 g Pinienkerne
- ¼ TL Himalayasalz
- 1 Msp. weißer Pfeffer
- 1 Msp. frisch geriebene Muskatnuss

Für die 2. Schicht:

- 100 g Spinat
- 100 g Löwenzahnblätter
- 1 Avocado
- 100 g Mandeln
- ¼ TL Himalayasalz

Für die 3. Schicht:

- 300 g Karotten
- 100 g Walnüsse
- 3 Datteln (Halawi)
- 1 Orange

Für die Soße:

- 2 rote Paprika
- 50 g Mangofleisch
- 1 Orange
- ¼ Chilischote
- 1 Msp. Himalayasalz
- 1 Msp. Chilipulver
- 3 EL Olivenöl

1. Schicht: Blumenkohl waschen und 300 g Röschen abschneiden. Mit Gewürzen, Salz und Pinienkernen in einer großen Schüssel mit dem Pürierstab zu einer möglichst glatten Masse verarbeiten. In die Kuchenform einfüllen und glatt streichen.

2. Schicht: Spinat waschen und die Stiele entfernen. Löwenzahn *nicht* waschen. Avocado halbieren, entkernen, das Fruchtfleisch in eine Schüssel geben. Mandeln zu Mus verarbeiten. Alle Zutaten in die Schüssel geben und zu einer glatten Masse pürieren. Als 2. Schicht in die Kuchenform geben und glatt streichen.

3. Schicht: Karotten fein raspeln. Walnüsse in der Küchenmaschine zu Mus verarbeiten. Datteln entkernen und ebenfalls in der Küchenmaschine zu Mus verarbeiten. Orange auspressen. Alles zusammen in einer Schüssel gut verrühren und obenauf in die Kuchenform geben. Glatt streichen. Das Ganze mit der Frischhaltefolie abdecken und für 1 Stunde in den Kühlschrank stellen.

Soße: Paprika zu Saft verarbeiten. ½ Orange entsaften. Die andere Hälfte schälen und für die Einlage in kleine Stückchen schneiden. Chilischote halbieren, Kerne entfernen und Schote fein wiegen. Paprikasaft, Orangensaft und Mangofleisch im Mixer zu einer sämigen Soße pürieren. Gewiegte Chilischote, Orangenstücke, Salz und Gewürze dazugeben.

Rheinisches Sauergemüse mit Rosinen***

Zutaten für 4 Personen

100 g Mandeln
2 Avocados
300 g milchsauer eingelegter Wirsing (siehe unter „Grundrezepte", S. 125)
1 TL Himalayasalz
1 TL Paprikapulver
½ TL frisch geschroteter Pfeffer
2 Hand voll Rosinen (6 Stunden in Quellwasser eingeweicht)

Die Mandeln fein hacken. Die Avocados halbieren, entkernen und mit dem Löffel das Fruchtfleisch in eine Glas- oder Keramikschüssel geben. Mit der Gabel gut zerquetschen und eine homogene Masse herstellen. Das milchsaure Gemüse und die gehackten Mandeln dazugeben. Die Masse mit den Gewürzen gut vermengen. Zu einem Laib formen. Auf einer Platte anrichten und mit den Rosinen umlegen.

Wenn Sie statt der ganzen Rosinen lieber eine Soße dazu genießen möchten: Die Rosinen mit etwas Wasser im Mixer so lange pürieren, bis eine cremige Soße entstanden ist.

Zucchini-Lasagne***

Zutaten für 4 Personen

Für die Lasagne:
- 4 Zucchini
- 100 g Spinat
- 100 g Makadamia-Frischkäse (siehe unter „Grundrezepte", S. 127)
- 1 TL Shoyu
- 3 EL Olivenöl
- 4 Basilikumblätter

Für die Maissoße:
- 1 Maiskolben
- 3 EL Olivenöl
- Quellwasser nach Bedarf

Tomatensoße: siehe unter „Grundrezepte" (S. 126), „Spaghetti mit Tomatensoße" (S. 60) oder unter „Walnuss-Igeli mit exotischer Tomatensoße" (S. 56)

Lasagne: Zucchini mit dem Hobel in dünne, lange Scheiben schneiden, etwas salzen und beiseite stellen. Spinat waschen, Strunk wegschneiden. Die Blätter in einer Schüssel mit Shoyu, Olivenöl und fein geschnittenen Basilikumblättern mischen und mit einem Brettchen beschweren. 2 Stunden ziehen lassen. Eine Kastenform oder eine Terrine mit Frischhaltefolie so auslegen, dass die Folie gut über den Rand hinausragt. Die Form mit Zucchinischeiben so auskleiden, dass es keine Lücken mehr gibt und die Scheiben weit über den Rand herausragen. Dann abwechselnd Zucchini, Käse, Tomatensoße und Spinat in die Form füllen. Die Zucchinischeiben der letzten Lage längs in die Form legen. Die überstehenden Enden der 1. Zucchinischicht nach innen falten. Dann das Ganze mit der Folie abdecken. Leicht zusammendrücken und 1 Tag im Kühlen ziehen lassen.

Maissoße: Maiskörner vom Kolben abschaben und mit dem Öl und Wasser zu einer cremigen Verbindung pürieren. Durch ein Haarsieb streichen.

Lasagne mit der Frischhaltefolie aus der Kastenform nehmen. Mit Folie in 8 Scheiben schneiden. Danach Folie entfernen und die Scheiben portionsweise auf Tellern anrichten. Maissoße neben die Lasagne träufeln und etwas Olivenöl zugeben. Mit fein geschnittenen Basilikumblättern verzieren.

Spinat-Oliven-Pizza**

Zutaten für 4 Personen

Für den Teig:

- 100 g Roggen (etwa 3 Tage gekeimt)
- 100 g Mandeln (10 Stunden in Quellwasser eingeweicht und gut abgespült)
- 50 g Leinsamen
- ca. ⅛ l Quellwasser
- ½ TL Himalayasalz
- 10 Blätter Basilikum

Für den Belag:

- 300 g Spinat
- Tomatensoße für 4 Personen (siehe unter „Grundrezepte", S. 126)
- 16 Oliven
- 400 g Makadamianuss-Frischkäse (siehe unter „Grundrezepte", S. 127)
- 1 Zucchini

Teig: Den Roggen so lange keimen lassen, bis sich ein kleiner Keimling gebildet hat. Die Roggenkeimlinge und die Mandeln in einer Küchenmaschine fein mahlen. Die Leinsamen in einer Küchenmaschine fein schroten. Die Basilikumblätter fein wiegen. Alle Zutaten mit dem Salz mischen und nur so viel Wasser zugeben, dass ein weicher Teig entsteht. 2 Stunden ruhen lassen. Den Teig auf Backpapier dünn zu 4 Pizzaböden ausstreichen. Im Lebensmitteltrockner 12 Stunden bei 40° C trocknen lassen. Nach der Hälfte der Zeit das Backpapier entfernen und die Böden wenden.

Belag: Die Zucchini in dünne Scheiben hobeln und im Lebensmitteltrockner 4 Stunden trocknen lassen. Den Spinat waschen, die Stängel entfernen und gut abtropfen lassen. Die Oliven entkernen, vierteln und unter den Makadamianuss-Frischkäse mischen. Zunächst den Spinat auf den Pizzaboden legen. Mit der Tomatensoße bestreichen. Die Käsemasse dekorativ auf der Tomatensoße verteilen und das Ganze mit getrockneten Zucchinischeiben verzieren.

Spinatmaultaschen an Tomatensoße**

Zutaten für 4 Personen

1 weißer Rettich (möglichst dick)

Für die Tomatensoße:

- 10 Tomaten
- 8 halbe getrocknete Tomaten
- 4 Datteln (Zahidi)
- ½ TL Himalayasalz
- 4 EL Schnittlauch, fein gewiegt

Für die Füllung:

- 40 g Spinat
- 120 g Makadamianuss-Frischkäse (siehe unter „Grundrezepte", S. 127)
- 120 g Walnüsse (10 Stunden in Quellwasser eingeweicht und gut abgetropft)
- ½ TL Himalayasalz
- 1 EL Schnittlauch, fein gewiegt

Tomatensoße: Die getrockneten Tomaten in einer Küchenmaschine zu Mehl mahlen. Die frischen Tomaten schälen (wie einen Apfel), die harten Teile wegschneiden und das Tomatenfleisch in eine Glas- oder Keramikschüssel geben. Das Mehl der getrockneten Tomaten dazuschütten. Die Datteln entkernen und mit dem Salz zu der Tomatenmasse geben. Das Ganze mit dem Pürierstab zu einer cremigen Soße verarbeiten. Den Schnittlauch dazugeben und gut verrühren. Im Lebensmitteltrockner 1 Stunde bei 40° C trocknen lassen, damit die Soße sämig wird und lauwarm serviert werden kann.

Füllung: Den Spinat klein schneiden. Die Walnüsse fein hacken. Alle Zutaten in einer Glas- oder Keramikschüssel gut verrühren.

Den Rettich schälen und von der dickeren Seite 24 sehr dünne Scheiben hobeln. Die Scheiben mit Himalaysalz bestreuen und ca. 3 Stunden „weinen" lassen. So werden sie schön weich. Je 1 Scheibe mit einem Häufchen der Füllung belegen und eine 2. Scheibe darauf setzen. Die Ränder gut zusammendrücken. (Sie halten normalerweise gut zusammen.) Das Ganze mit der Tomatensoße servieren.

Terrine von Tomaten und Oliven im Portulakbett**

Zutaten für 4 Personen

Für die Terrine:

- 16 Tomaten
- 100 g Pekannüsse
- 30 Oliven (Jumbo)
- 2 EL Shoyu
- 1 EL Olivenöl

Für das Portulakbett:

- 600 g Portulak
- 2 TL Zitronensaft
- 4 EL Olivenöl
- Pfeffer

Terrine: Die Oliven entkernen und mit den Pekannüssen, dem Shoyu und dem Olivenöl im Mixer zu einer ganz feinen Paste verrühren. 12 Stunden an einem nicht zu kalten Ort ziehen lassen. Die Tomaten schälen und von den Kernen sowie vom Saft befreien. (Der Saft kann für „Klare Tomatensuppe mit Gemüsenüdeli" [S. 53] oder „Avocadoschaum" [S. 16] verwendet werden.) Eine Terrine (eine Kuchen-Kastenform oder eine rechteckige Auflaufform sind ebenfalls geeignet) mit Frischhaltefolie so auslegen, dass diese gut über den Rand hinausragt. Die Tomaten so hineinlegen, dass eine geschlossene Schicht entsteht. Etwas zusammendrücken. Die Olivenpaste darüber streichen. Das Ganze 2-mal wiederholen. Die letzte Schicht sollte eine Tomatenschicht sein. Mit der Folie bedecken und gut zusammendrücken. Im Kühlschrank 1 Tag ziehen lassen.

Portulakbett: ¾ des Portulaks fein wiegen. Mit dem Zitronensaft und dem Olivenöl bespritzen. Auf die Teller geben und mit den ganzen Portulakblättern eine schöne Verzierung herrichten.

Die Tomatenterrine mit der Folie in Stücke schneiden. (Die Folie erst abziehen, wenn die Scheibe auf dem Portulakbett liegt.) Mit frisch gemahlenem Pfeffer abschmecken.

Leipziger Allerlei an zweifarbigem Gemüseparfait mit Szechuanpfeffer**

Zutaten für 4 Personen

Für das Leipziger Allerlei:

- 12 weiße Spargel
- 40 getrocknete Erbsen (4 Tage angekeimt)
- 250 g Erbsenschoten
- 4 Karotten
- 20 Schnittlauchhalme

Für das schwarze Gemüseparfait:

- 40 Oliven (Jumbo oder Nyons)
- 1 Zucchini
- 1 Avocado (Lula)
- 2 EL Shoyu

Für das helle Gemüseparfait:

- 40 Pekannüsse (10 Stunden in Quellwasser eingeweicht und gut abgetropft)
- 1 Zucchini
- 1 Avocado (Lula)
- 2 EL helles Miso

Für das Dressing:

- 8 Tomaten
- 1 Avocado (Lula)
- 4 EL Bärlauchöl (siehe unter „Grundrezepte", S. 122)
- 2 TL Himalayasalz
- Quellwasser, wenn nötig

- 2 TL Szechuanpfeffer

Leipziger Allerlei: Spargel schälen und das Harte vom unteren Ende abschneiden. In mundgerechte Stücke schneiden. Karotten säubern und in mundgerechte Stifte schneiden. Schnittlauchhalme in etwa 3 Zentimeter lange Stücke schneiden. Alle Zutaten im Kreis auf einem großen Teller anrichten und mit Schnittlauch verzieren.

Schwarzes Parfait: Die Oliven entkernen. Die Avocado halbieren, entkernen und mit dem Löffel das Fruchtfleisch in den Mixer geben. Die Zucchini in Stücke schneiden und mit dem Shoyu in den Mixer geben. Zu einem cremigen Parfait pürieren.

Helles Parfait: Pekanüsse schälen, mit Avocadostücken, Miso und klein geschnittener Zucchini in den Mixer geben. Zu einem cremigen Parfait pürieren.

Dressing: Tomaten halbieren und die Flüssigkeit mit den Kernen auffangen. Durch ein Haarsieb streichen. Avocadofruchtfleisch in einen Mixer geben. Alle Zutaten zu einer schaumigen Soße pürieren.

Die beiden Parfaits auf dem Leipziger Allerlei anrichten und mit Szechuanpfeffer bestreuen. Das Dressing darüber gießen.

Gefüllte Süßpaprika auf Gurkenbrunoise mit Bohnenkeimlingen*

Zutaten für 4 Personen

4 Süßpaprika

Für die Füllung:

80 g Augenbohnen (oder Chinabohnen; etwa 4 Tage gekeimt)

150 g Makadamianüsse

8 TL helles Miso

Für die Gurkenbrunoise:

4 Minigurken oder 1 große Gurke

4 EL Olivenöl

Das Ende der Süßpaprika abschneiden, an dem sich der Stiel befindet. Die Kerne und den Stiel entfernen und den Rest gut waschen. Den Rest für die Füllung beiseite legen.

Füllung: Die Bohnen schälen und einige zum Dekorieren beiseite legen. Das Fleisch der Süßpaprika, die Makadamianüsse und die geschälten Bohnen im Mixer zu einer homogenen Masse pürieren. Miso zugeben und gut verrühren. Die Süßpaprikaschoten damit füllen.

Gurkenbrunoise: Die Enden der Gurken abschneiden. Den Rest in sehr feine Würfel schneiden.

Gurkenbrunoise dekorativ auf dem Teller anrichten, die gefüllten Paprika in je drei Teile schneiden, auf die Brunoise setzen und das Ganze mit Olivenöl beträufeln.

Nach-speisen

Orangenspalten und Kiwischeiben in Vanillesoße mit Nusskrokant*

Zutaten für 4 Personen

8 Orangen
8 Kiwis
4 Feigen (Black Mission)
12 Pfefferminzblätter

Für die Soße:

100 g Pinienkerne
16 Datteln (Berem)
1 Vanilleschote
⅓ l Quellwasser

Für das Nusskrokant:

100 g Nüsse (10 Stunden in Quellwasser eingeweicht und abgetropft)
6 Datteln (Zahidi)

Soße: Die Pinienkerne im Mixer fein mahlen. Das Wasser und die entkernten Datteln dazugeben und nochmals gut pürieren, bis die Masse schön cremig und glatt ist. Durch ein Haarsieb streichen. Die Vanilleschote der Länge nach aufschneiden, das Mark herauskratzen und in die Soße geben.Gut verrühren.

Nusskrokant: Die Nüsse (Walnüsse werden am knusprigsten – mit anderen Nüssen schmeckt das Krokant aber auch sehr gut) klein schneiden. Die Datteln entkernen und in der Küchenmaschine zu Mus verarbeiten. Gut mit der Nussmasse mischen. Zu kleinen Küchlein von etwa 3 Zentimetern Durchmesser formen. (Je dünner der Teig ist, desto knuspriger wird das Krokant.) Im Lebensmitteltrockner 10 Stunden trocknen lassen. Nach 5 Stunden wenden. (Luftdicht verschlossen kann diese Leckerei einige Tage aufbewahrt werden.)

Anrichten: Die Orangen schälen und filetieren. Die Kiwis schälen und in dünne Scheiben schneiden. Die Pfefferminzblätter in ganz feine Streifen schneiden und über das Obst streuen. Den Stil von den Feigen entfernen. Das Fleisch fein würfeln und über den Früchten dekorativ verteilen. Die Soße neben die Früchte gießen. Mit Krokant verzieren.

Frühlingsrolle von der Ananas mit Kokosschaum**

Zutaten für 4 Personen

Für die Frühlingsrolle:

- 2 Ananas
- 4 Grenadillen
- 400 g junges Kokosnussfleisch
- 2 Kiwis
- 1 Mango
- 1 Papaya
- 1 Banane
- 3 EL Zitronensaft
- 100 g Pistazienkerne (10 Stunden in Quellwasser eingeweicht und gut abgetropft)

Für den Kokosschaum:

- 1 junge Kokosnuss (Pagode Light)
- 1 Kaki

Frühlingsrolle: Beide Ananas schälen und der Länge nach in hauchdünne Scheiben schneiden. Die 8 größten Scheiben beiseite legen. Die Kiwis, die Mango, die Papaya, den Rest der Ananas und die Banane in kleine Stückchen schneiden und mit dem Zitronensaft beträufeln. Das Kokosfleisch in kleine Stücke schneiden und die Pistazienkerne grob hacken. Alles gut vermischen. Die klein geschnittenen Obststücke über die ganze Länge der Ananasscheiben verteilen. Die Scheiben einzeln mit der Obstsalat-Füllung zusammenrollen.

Kokosschaum: Die Kokosnuss mit einem spitzen Gegenstand an einem der Augen aufstechen. Die Kokosmilch in einen Mixer geben. Die Kokosnuss öffnen. Das Fleisch herauslöffeln und ebenfalls in den Mixer geben. (Die Kokosnuss sollte so jung sein, dass sie noch ein sehr weiches Fleisch hat.) Die Kaki schälen und mit den anderen Zutaten kurz pürieren.

Die Frühlingsrollen auf Deserttellern anrichten. Die Grenadillen halbieren und mit dem Löffel auf den Tellern verteilen. Kokosschaum über oder neben die Rolle geben.

Birnenschnitte mit Zitronencreme***

Zutaten für 4 Personen

Für den Boden:

- 200 g Sesam (10 Stunden in Quellwasser eingeweicht und gut abgetropft)
- 10 Datteln
- 50 g Leinsamen (hell)
- 200 ml Birnensaft
- 1 Msp. Zimt

Für die Füllung:

- 5 Birnen
- 1 Zitrone
- 1 Banane
- 1 TL Zimt

Für die Zitronencreme:

- 50 g Pinienkerne
- 8 Datteln
- 1 Zitrone
- ¼ l Quellwasser

Boden: Leinsamen im frisch gepressten Birnensaft 2 Stunden quellen lassen. Datteln entkernen und mit den Leinsamen pürieren, mit Zimt und Sesam verrühren. Auf ein Backpapier so dünn wie möglich ausstreichen und 6 Stunden im Lebensmitteltrockner bei 40° C trocknen lassen. In viereckige Stücke schneiden. Backpapier entfernen und noch einmal 6 Stunden zu Sesamcrackern trocknen lassen.

Füllung: Banane mit der Gabel zerdrücken, eine der Birnen entkernen und fein raspeln, mit Zimt und dem Saft der Zitrone mischen. Die Masse auf ein Backpapier streichen und so lange im Lebensmitteltrockner trocknen lassen, bis sie cremig wird. Die restlichen Birnen halbieren, Kerngehäuse entfernen und die Hälften längs in feine Scheiben schneiden.

Zitronencreme: Die Pinienkerne mit dem Wasser und den entkernten Datteln im Mixer so lange pürieren, bis die Masse schön cremig und glatt ist. Das Ganze durch ein Haarsieb streichen. Zitrone auspressen und den Saft zugeben. Gut verrühren.

Eine Kasten- oder Terrinenform mit Frischhaltefolie auslegen, so dass die Folie gut überhängt. Abwechselnd die Sesamcracker und die Birnen in die Terrine schichten. Nach jeder Schicht mit Füllung bestreichen. Die Frischhaltefolie schließen und den Kuchen gut zusammendrücken. Aus der Terrinenform nehmen und mit Folie in Stücke schneiden. Folie entfernen. Mit Zitronencreme umgießen.

Black-Mission-Törtchen mit Pfirsich**

Zutaten für 4 Personen

6 Pfirsiche
1 Hand voll Johannisbeeren

Für die Törtchen:

100 g Walnüsse (10 Stunden in Quellwasser eingeweicht und gut abgetropft)
100 g Paranüsse (10 Stunden in Quellwasser eingeweicht und gut abgetropft)
12 getrocknete Feigen (Black Mission)
50 g Rosinen

Für die Creme:

¼ junge Kokosnuss (Pagode Light)
100 ml Kokosmilch
50 g Pinienkerne
8 Datteln
½ Vanilleschote

Törtchen: Paranüsse und Walnüsse in einer Küchenmaschine fein mahlen. In eine große Glas- oder Keramikschüssel geben. Die Feigen vom Stiel befreien, in einer Küchenmaschine mit den Rosinen pürieren. Alles gut durchkneten und 1 Stunde ruhen lassen. Kleine Tortenböden von etwa 12 Zentimetern Durchmesser formen. Einen Rand stehen lassen. 15 Stunden im Lebensmitteltrockner trocknen lassen.

Creme: Die Pinienkerne im Mixer fein mahlen. Das Kokosfleisch, die Kokosmilch und die entkernten Datteln dazugeben und nochmals gut pürieren, bis die Masse schön cremig und glatt ist. Die Vanilleschote der Länge nach aufschneiden, das Mark herauskratzen und in die Soße geben. Gut vermengen.

Die Tortenböden mit der Creme bestreichen. Die Pfirsiche schälen und in Streifen schneiden. Dekorativ auf den Törtchen anrichten. Mit den Johannisbeeren verzieren.

Zutaten für 16 Personen

1 Wassermelone (griechisch)
2 Ananas
250 g Erdbeeren
250 g Physalis
5 Kiwis
500 g Weintrauben
5 Äpfel

Fruchtspieße auf Melonenbett*

Die Melone in ungefähr 2 Zentimeter dicke, runde Scheiben schneiden. Die Scheiben achteln. Die Spitzen abschneiden und die Stücke mit der Schale als „Bett" auf eine große Servierplatte legen. (Die Spitzen beiseite legen.) Die Ananas schälen, der Länge nach vierteln. Den Strunk entfernen und die Viertel in mundgerechte Stücke schneiden. Die Trauben vom Stiel zupfen. Die Äpfel entkernen und in mundgerechte Stücke schneiden. Die Kiwis schälen und ebenfalls in mundgerechte Stücke schneiden. Die Früchte auf langen Holzstäbchen im Wechsel anordnen. Die Physalis jeweils zuletzt aufspießen. Die Stäbchen auf das „Melonenbett" stecken.

Obstsalat mit Zabaione*

Zutaten für 4 Personen

Für den Obstsalat:

4 Netzmelonen
20 Erdbeeren
12 Zwetschgen
2 Bananen
2 Äpfel
2 Zitronen
Pfefferminzblätter, nach Geschmack

Für die Zabaione:

4 Orangen
80 g Pinienkerne
12 Datteln

Obstsalat: Die Netzmelonen im oberen Drittel aufschneiden. Die Kerne mit einem Löffel herausschaben. Das Fruchtfleisch mit einem Löffel herausholen und in mundgerechte Stücke schneiden. Die Erdbeeren vierteln. Die Zwetschgen halbieren, entkernen und vierteln. Die Bananen schälen und in dünne Scheiben schneiden. Die Äpfel vierteln, entkernen und in mundgerechte Stücke schneiden. Die Zitronen auspressen. In einer großen Glas- oder Keramikschüssel Früchte und Zitronensaft gut mischen. In den Rand der Netzmelonen Zacken schneiden. Den Fruchtsalat in die Melonen geben, mit Pfefferminze verzieren und sofort servieren.

Zabaione: Den Saft der Orangen mit den Pinienkernen und den entsteinten Datteln im Mixer gut pürieren.

Kaki-Pudding*

Zutaten für 4 Personen

4 weiche Kakis
2 süße Birnen (Alexander oder Abate Fetel)
1 TL frischer Ingwer
50 g Korinthen (6 Stunden in Quellwasser eingeweicht und gut abgetropft)

Die Korinthen zum Dekorieren beiseite stellen. Kakis schälen, Birnen schälen und entkernen. Den Ingwer sehr fein wiegen. Kaki, Birnen und Ingwer in einer Keramik- oder Glasschüssel mit dem Pürierstab zu Pudding verarbeiten. In Schälchen füllen und mit den abgetropften Korinthen verzieren.

Schokoladenmousse auf Aprikosensoße mit Litschicreme**

Zutaten für 4 Personen

Für die Schokoladenmousse:

16 Datteln (Shahani)

40 Oliven (dieses Rezept funktioniert nur mit den sonnengereiften schwarzen Jumbo-Oliven!)

2 Johannisbrot-Schoten

⅛ l Quellwasser

Für die Aprikosensoße:

16 Aprikosen

4 Datteln (Shahani)

Für die Litschicreme:

1 junge Kokosnuss (Pagode Light)

6 Datteln (Shahani)

12 Litschis

Schokoladenmousse: Die Johannisbrot-Schoten entkernen und in der Küchenmaschine fein mahlen. Die Datteln und die Oliven entkernen. Alle Zutaten im Mixer zu einer glatten Schokoladenmousse pürieren.

Aprikosensoße: Die Aprikosen und die Datteln entkernen und im Mixer zu einer Soße pürieren.

Litschicreme: Die Kokosnuss aufstechen und die Kokosmilch im Glas auffangen. Die Kokosnuss öffnen. Das Kokosfleisch mit einem Löffel in den Mixer geben. Die Litschis und die Datteln entkernen. Das Kokosfleisch, die Litschis und die Datteln zu einer cremigen Masse pürieren. (Falls die Creme zu dick sein sollte, Kokosmilch zugeben.)

Apfelküchle mit Vanillesoße**

Zutaten für 4 Personen

2 saure Äpfel
½ Zitrone

Für den Boden:

50 g Leinsamen
20 Datteln (Zahidi)
1 TL Zimt
100 g Walnüsse (10 Stunden in Quellwasser eingeweicht und abgetropft)
1 TL Zitronensaft
1 Msp. Himalayasalz
¼ l Quellwasser

Für die Vanillesoße:

50 g Pinienkerne
8 Datteln (Shahani)
½ Vanilleschote
⅛ l Quellwasser
1 Msp. Himalayasalz

Boden: Leinsamen in ¼ Liter Quellwasser 2 Stunden einweichen. Datteln entkernen. Leinsamen mit dem Einweichwasser, den Walnüssen und den Datteln in einem Mixer zu einer schaumigen Masse pürieren. Mit Zimt und Salz abschmecken, gut verrühren und ½ Stunde stehen lassen. Diese Masse als Fladen von etwa 7 Zentimetern Durchmesser auf ein Backpapier streichen. (Nicht zu dünn; der Teig sollte etwa 36 Stück ergeben.) 12 Stunden im Lebensmitteltrockner trocknen lassen. Nach der Hälfte der Zeit das Backpapier abziehen und die „Küchle" wenden.

Vanillesoße: Die Pinienkerne mit dem Wasser und den entkernten Datteln im Mixer fein pürieren, bis die Masse schön cremig und glatt ist. Das Ganze durch ein Haarsieb streichen. Die Vanilleschote der Länge nach aufschneiden, das Mark herauskratzen und in die Soße geben. Das Salz ebenfalls zugeben und gut verrühren.

Äpfel vierteln. Das Kerngehäuse mit einem geraden Schnitt entfernen. Die Viertel an der Schalenseite einschneiden (siehe Photo), so dass einzelne „Blätter" entstehen. Mit Zitronensaft beträufeln. Die „Küchle" und die Apfelscheiben auf einem Teller anrichten. Mit Vanillesoße umgießen.

Sushi von der Banane mit Granatapfelkompott***

Zutaten für 4 Personen

Für das Sushi:

- 6 Feigen, (Black Mission; 10 Stunden in Quellwasser eingeweicht und gut abgetropft; Einweichwasser aufbewahren!)
- 6 getrocknete Pflaumen (10 Stunden in Quellwasser eingeweicht und gut abgetropft; Einweichwasser aufbewahren!)
- 20 Makadamianüsse (10 Stunden in Quellwasser eingeweicht und gut abgetropft)
- 10 g Pinienkerne (10 Stunden in Quellwasser eingeweicht und gut abgetropft)
- 5 Datteln (Zahidi)
- 2 Bananen
- 2 Kiwis

Für das Kompott:

- 1 Granatapfel
- 12 rote Weintrauben
- 3 Mandarinen
- Rest von Kiwis und Bananen (die für das Sushi nicht gebraucht werden)
- 2 EL Zitronensaft
- 2 frische Pfefferminzblätter

Sushi: Die Feigen und die Pflaumen im Mixer gut pürieren. Vom Einweichwasser so viel dazugeben, dass eine dicke Masse entsteht. Auf einem Backpapier 4 Flächen von etwa 30 mal 15 Zentimetern dünn ausstreichen. Im Lebensmitteltrockner 3 Stunden trocknen lassen. Das Backpapier entfernen und noch einmal trocknen lassen, bis ein elastischer Teig entstanden ist. Die Makadamianüsse mit den entsteinten Datteln und etwas Einweichwasser zu einer cremigen Masse pürieren. Die Nussmasse gleichmäßig auf dem Teig verteilen. Die Bananen und die Kiwis schälen und in dünne Streifen schneiden, in die Mitte des Sushi legen. Den Teig (fest) aufrollen und in mundgerechte Häppchen schneiden.

Kompott: Den Granatapfel halbieren und mit dem Löffel das Fruchtfleisch in eine Glas- oder Keramikschüssel geben. Die Mandarinen schälen und filetieren. Die Trauben halbieren, entkernen und in Viertel schneiden. In der Schüssel mit dem Zitronensaft übergießen und alle Früchte (auch die Reste von Kiwis und Bananen) vorsichtig mischen.

Alles auf einer Platte anrichten und die fein geschnittenen Pfefferminzblätter darüber streuen.

Kandierte Feigen mit Sesamcrackern**

Zutaten für 4 Personen

12 Feigen (Black Mission, frisch)

Für die Sesamcracker:

- 25 g Leinsamen (hell)
- 1 Apfel
- 100 g Sesam (10 Stunden in Quellwasser eingeweicht und gut abgetropft)
- ½ Vanilleschote
- 3 Datteln (Zahidi)
- 2 Msp. Zimt

Für die Soße:

- 1 Kokosnuss (Pagode Light)
- ¼ TL Zitronensaft
- 2 Datteln (Zahidi)

Für das Dressing:

- 6 Feigen (Black Mission, frisch)
- 1 Orange
- 2 Datteln (Mozafati)

Sesamcracker: Die Leinsamen im Mixer zu Mehl verarbeiten. Apfelstücke und die entkernten Datteln dazugeben und pürieren. Die Vanilleschote der Länge nach aufschneiden und das Mark herausschaben. Alle Zutaten vermischen und 1 Stunde ruhen lassen. Auf einem Backpapier dünn ausstreichen und im Lebensmitteltrockner 12 Stunden trocknen lassen. Das Backpapier entfernen und noch einmal 6 Stunden trocknen lassen.

Soße: Das Fruchtfleisch aus der Kokosnuss herauslöffeln (es ist normalerweise sehr cremig) und mit den entkernten Datteln, dem Zitronensaft und etwas von der Kokosmilch pürieren.

Dressing: Die Orange auspressen. Mit den entkernten Datteln und den Feigen im Mixer zu einer cremigen Masse verarbeiten.

Den Stil von den Feigen entfernen und die Früchte längs in Viertel schneiden. Die Viertel hübsch auf einem Teller anordnen, Sesamcracker dazwischen stecken, mit Kokossoße und Dressing verzieren.

Erdbeerrosette auf Rhabarberspiegel mit Vanillecreme und Pistazien**

Zutaten für 4 Personen

750 g Erdbeeren
1 Zitrone

Für die Pistazien:

50 g Pistazien (10 Stunden in Quellwasser eingeweicht und gut abgetropft)
5 Datteln (Shahani)
1 Msp. Salz
2 Msp. Zimt
⅛ l Quellwasser

Für den Rhabarberspiegel:

6 Stangen Rhabarber
1 großer süßer Apfel
1 große süße Birne
1 große Banane
1 EL Zitronensaft

Für die Vanillecreme:

100 g Makadamianüsse (10 Stunden in Quellwasser eingeweicht und gut abgetropft)
50 g helle Rosinen
1 Vanilleschote

Die Erdbeeren waschen, in dünne Scheiben schneiden und mit Zitronensaft beträufeln. Zur Seite stellen.

Pistazien: Die Datteln entkernen und mit Wasser, Zimt und Salz zu einer glatten Soße pürieren. Die Pistazien in dieser Masse wälzen und im Lebensmitteltrockner 10 bis 15 Stunden bei 40° C trocknen lassen.

Rhabarberspiegel: Den Rhabarber waschen. Von älterem Rhabarber die Schale entfernen (junger Rhabarber muss nicht geschält werden!) und in Stücke schneiden. Den Apfel und die Birne halbieren, entkernen und ebenfalls in Stücke schneiden. Die Banane schälen und ebenfalls klein schneiden. Alle Früchte mit dem Zitronensaft in eine große Glas- oder Keramikschüssel geben und mit dem Pürierstab ganz fein zerkleinern. Zur Seite stellen.

Vanillecreme: Die Makadamianüsse mit den Rosinen fein pürieren. Die Vanilleschote der Länge nach aufschneiden und das Mark herauskratzen. Zu der Nussmasse geben und alles gut verrühren.

Pro Teller einen Löffel der Rhabarbermasse zu einem Spiegel glatt streichen. Erdbeerscheiben blättrig darauf anordnen. In die Mitte 1 Löffel Vanillecreme setzen. Mit den Pistazien verzieren.

Kuchen

kl. Backpen

1/8 Torte 8P

Apfeltarte*

Zutaten für 1 Torte

Für den Boden:

- 200 g Walnüsse (10 Stunden in Quellwasser eingeweicht und abgetropft)
- 12 Datteln

Für den Belag:

- 5 saure Äpfel
- 2 Bananen
- 100 g Rosinen (6 Stunden in Quellwasser eingeweicht und gut abgetropft)
- 1 Zitrone
- 1 TL Zimt

Boden: Die Walnüsse in einer Küchenmaschine fein mahlen. Die Datteln entkernen und in einer Küchenmaschine zu Mus verarbeiten. Die gemahlenen Walnüsse und die Datteln gut miteinander verkneten. Teig in eine Springform mittleren Durchmessers geben und einen Rand formen.

Belag: Die Bananen schälen und als Ganzes im Lebensmitteltrockner 3 Stunden trocknen lassen. Die Äpfel schälen, vierteln, das Kerngehäuse entfernen und das Fruchtfleisch in feine Scheiben schneiden. In eine Glas- oder Keramikschüssel füllen. Die Zitrone von Hand über den Apfelscheiben ausdrücken. Das Ganze gut mischen. Eine Lage Apfelscheiben auf den Kuchenboden geben. Getrocknete Bananen mit den Rosinen in einer Küchenmaschine pürieren. Zitrone nun ganz auspressen und den Saft und den Zimt gut mit der Bananen-Rosinen-Mischung vermengen. Auf der ersten Lage Äpfel gleichmäßig verstreichen. Die restlichen Äpfel dekorativ darauf verteilen. Eventuell mit Rosinen verzieren.

kl Backform
1/8 Std. – 80

Erdbeerkuchen**

Zutaten für 1 Torte

Für den Boden:

- 200 g Mandeln (10 Stunden in Quellwasser eingeweicht und abgetropft)
- 12 Datteln

Für den Belag:

- 1 Schale Erdbeeren
- 2 Bananen
- 1 Apfel
- 50 g Rosinen
- 20 g Kokosraspel
- 2 EL Zitronensaft

Boden: Mandeln in einer Küchenmaschine fein mahlen. Datteln entkernen und in der Küchenmaschine zu Mus verarbeiten. Das Mus mit den gemahlenen Mandeln vermischen und zu einem Teig kneten; in eine Springform drücken, so dass ein dünner Tortenboden entsteht.

Belag: Die Erdbeeren in feine Scheiben schneiden. Den Tortenboden mit einer Lage dieser Scheiben belegen. Die Bananen mit einer Gabel zerdrücken. Den Apfel fein reiben und den Saft abtropfen lassen. Die Hälfte des Zitronensaftes untermischen. Die Rosinen in der Küchenmaschine zu Mus verarbeiten. Alles mit den Kokosraspel in einer großen Schüssel verrühren und auf einem Backpapier im Lebensmitteltrockner etwa 1½ Stunden zu einer streichfähigen Paste trocknen; auf dem Tortenboden verteilen. Die restlichen Erdbeerscheiben dekorativ darauf legen. Mit Zitronensaft beträufeln.

Nusstorte „Franky" mit lauwarmer Pflaumensoße**

Zutaten für 1 Torte

Für die Glasur:

- 20 Datteln
- 2 EL Zitronensaft
- 1TL geriebene Zitronenschale
- 2-4 EL Quellwasser
- 1 Banane

Für den 1. Boden:

- 200 g Pekannüsse (10 Stunden in Quellwasser eingeweicht und abgetropft)
- 100 g Korinthen (6 Stunden in Quellwasser eingeweicht und abgetropft)

Für den 2. Boden:

- 200 g Haselnüsse (10 Stunden in Quellwasser eingeweicht und abgetropft)
- 100 g helle Rosinen (6 Stunden in Quellwasser eingeweicht und abgetropft)

Für die Pflaumensoße:

- 180 g getrocknete Pflaumen
- ½ unbehandelte Zitrone
- je ¼ TL Zimt, gemahlener Anis
- 2 Msp. geriebener Ingwer
- 2 Msp. gemahlene Nelken
- ¼ l Quellwasser

Glasur: Entsteinte Datteln mit Zitronensaft und so viel Wasser pürieren, dass eine dicke, streichfähige Paste entsteht. Die zerdrückte Banane und die abgeriebene Zitronenschale untermischen.

1. Boden: Pekannüsse mahlen und mit den Korinthen in einer Küchenmaschine zu Mus verarbeiten. Den Teig in eine mit Backpapier ausgelegte Springform von etwa 20 Zentimetern Durchmesser geben, verteilen und gleichmäßig festdrücken. (Der Teig kann auch ohne Springform zu einem Boden geformt werden.) Diesen Boden nun mit der Hälfte der Glasur bestreichen.

2. Boden: Vorab ein paar Haselnüsse zum Verzieren beiseite legen. Haselnüsse und Rosinen zu Mus verarbeiten. In eine zweite mit Backpapier ausgelegte Springform geben, verteilen und festdrücken. Anschließend vorsichtig auf den ersten Boden setzen. Mit dem Rest der Glasur überziehen und mit ganzen Haselnüssen verzieren.

Pflaumensoße: Von der Zitrone die Schale abreiben. Mit Wasser und Gewürzen im Lebensmitteltrockner auf etwa 38° C erwärmen. Flüssigkeit über die getrockneten Pflaumen gießen. Pflaumen so lange darin ziehen lassen, bis sie weich sind. Eine cremige Soße pürieren. (Falls die Soße zu dick ist, geben Sie mehr Wasser dazu.) In einer Keramik- oder Glasschale im Lebensmitteltrockner noch einmal auf etwa 38 °C erwärmen und warm zur Nusstorte reichen.

Kiwitorte**

Zutaten für 1 Torte

6 Kiwis

Für den Boden:

80 g Mandeln (10 Stunden in Quellwasser eingeweicht und gut abgetropft)
50 g Sonnenblumenkerne (10 Stunden in Quellwasser eingeweicht und gut abgetropft)
80 g Pinienkerne (10 Stunden in Quellwasser eingeweicht und gut abgetropft)
3 Johannisbrot-Schoten
5 Datteln (Halawi)
1 Msp. Himalayasalz

Für die Creme:

50 g Makadamianüsse (10 Stunden in Quellwasser eingeweicht und gut abgetropft)
½ junge Kokosnuss
1 Orange
5 Datteln (Zahidi)
½ Vanilleschote

Boden: Mandeln, Sonnenblumen- und Pinienkerne mit den entkernten Johannisbrot-Schoten und den entkernten Datteln in einer Küchenmaschine so fein wie möglich zerkleinern. Das Salz zugeben und den Teig gut durchkneten. Eine Springform mit Backpapier auslegen und den Teig gut hineindrücken. Einen 2 Zentimeter hohen Rand formen.

Creme: Die Orange schälen und filetieren. Das Kokosnussfleisch, die Makadamianüsse, die entkernten Datteln und die Orangenschnitze im Mixer zu einer cremigen Paste pürieren. Die halbe Vanilleschote der Länge nach aufschneiden, das Mark herauskratzen und in die Paste rühren. Den Kuchenboden mit der Creme bestreichen.

Zum Schluss die Kiwis schälen und in dünne Scheiben schneiden. Den Kuchen dekorativ mit den Früchten belegen.

Zwetschgendatschi*

Zutaten für 1 Torte

Für den Boden:

- 200 g Haselnüsse
- 12 Datteln (Khadrawi)

Für den Belag:

- 2 reife Bananen
- 1 Apfel
- 2 Msp. Zimt
- 500 g Zwetschgen

Boden: Die Haselnüsse in einer Küchenmaschine fein mahlen. Die Datteln in einer Küchenmaschine zu Mus verarbeiten. Haselnüsse und Datteln zu einem geschmeidigen Teig kneten. In ein mit Backpapier ausgelegtes Kuchenblech drücken und einen Rand formen.

Belag: Die Bananen mit einer Gabel verdrücken. Den Apfel mit einer Reibe raspeln und in das Bananenmus geben. Das ganze gut mischen, mit Zimt abschmecken und auf den Kuchenboden streichen. Die Zwetschgen halbieren, entkernen und oben in der Mitte eine kleine Kerbe einschneiden. Den Kuchen mit den Zwetschgen (Kerbe nach oben) belegen.

Papaya-Himbeer-Torte**

Zutaten für 1 Torte

½ Papaya
250 g Himbeeren

Für den Boden:

50 g Mandeln (10 Stunden in Quellwasser eingeweicht und gut abgetropft)
2 Hand voll Weizen (gekeimt)
10 Datteln (Aori)
1 EL Olivenöl
1 Vanilleschote

Für die Creme:

1 Papaya
2 EL Zitronensaft
1 Banane

Boden: Die Weizenkörner keimen lassen, bis ein etwa 3 Zentimeter langer Keimling entstanden ist. Die Mandeln, die Weizenkörner, die entsteinten Datteln und das Olivenöl im Mixer zu einer glatten Masse verarbeiten. Die Vanilleschote der Länge nach aufschneiden und das Mark herauskratzen. Zu dem Teig geben und gut durchkneten. Den Teig ½ Stunde ruhen lassen. In eine mit Backpapier ausgelegte Springform drücken und einen Rand formen. Die Springform entfernen und den Boden im Lebensmitteltrockner 12 Stunden bei 40° C trocknen lassen.

Creme: Die Banane schälen, halbieren und im Lebensmitteltrockner 5 Stunden bei 40° C trocknen lassen. Die geschälte und entkernte Papaya mit der getrockneten Banane und dem Zitronensaft im Mixer zu einer cremigen Masse pürieren. Die Masse gleichmäßig auf dem Boden verteilen.

Die Papaya schälen, entkernen und die Hälfte der Länge nach in dünne Scheiben schneiden. Den Kuchen dekorativ mit Himbeeren und Papayascheiben belegen.

Linzertorte**

Zutaten für 1 Torte

Für den Teig:

- 200 g Haselnüsse (10 Stunden in Quellwasser eingeweicht und gut abgetropft)
- 200 g Mandeln (10 Stunden in Quellwasser eingeweicht und gut abgetropft)
- 1 unbehandelte Zitrone
- 30 Datteln (Fersi)
- 1 EL Zimt
- 1 Msp. Nelken
- 1 Msp. Himalayasalz

Für die Marmelade:

- 500 g Himbeeren
- 1 Johannisbrot-Schote

Teig: Die Haselnüsse und die Mandeln in einer Küchenmaschine fein mahlen. In eine große Glas- oder Keramikschüssel füllen. Die Zitronenschale fein reiben und in die Haselnuss-Mandel-Masse geben. Die Datteln entkernen und in einer Küchenmaschine zu Mus pürieren. Alle Zutaten zu einem Teig verarbeiten. Den Teig in eine mit Backpapier ausgelegte Springform geben, festdrückern und einen etwa 2 Zentimeter hohen Rand formen. (1 Hand voll Teig für die Verzierung übrig lassen.)

Marmelade: Die Himbeeren mit der entkernten und zu Mehl gemahlenen Johannisbrot-Schote im Mixer zu „Marmelade" pürieren.

Die Marmelade auf den Kuchen streichen. Aus dem restlichen Teig Streifen formen und das Ganze damit verzieren. Die Torte aus der Springform herausnehmen.

Käse-Aprikosen-Kuchen**

Zutaten für 1 Torte

Für den Teig:

- 200 g Mandeln (10 Stunden in Quellwasser eingeweicht und gut abgetropft)
- 15 Datteln (Zahidi)
- 1 TL Zitronensaft
- 2 Msp. Zimt

Für den Belag:

- 150 g Makadamianüsse (10 Stunden in Quellwasser eingeweicht und gut abgetropft)
- 50 g Makadamianuss-Frischkäse (siehe unter „Grundrezepte", S. 127)
- 50 g helle Rosinen
- ⅛ l Quellwasser
- 250 g türkische Aprikosen

Teig: Die Mandeln in einer Küchenmaschine fein mahlen. (Einige Mandeln zum Verzieren aufbewahren.) Die Datteln entkernen und in einer Küchenmaschine zu Mus verarbeiten. Die Zitrone auspressen. Alle Zutaten in eine Glas- oder Keramikschüssel geben, gut durchkneten und dünn in eine mit Backpapier ausgelegte Springform drücken. Einen etwa 3 Zentimeter hohen Rand formen. Die Backform entfernen und den Boden im Lebensmitteltrockner 10 Stunden trocknen lassen.

Belag: Die Makadamianüsse mit den Rosinen und dem Wasser glatt pürieren und in eine Glas- oder Keramikschüssel füllen. Den Makadamianuss-Frischkäse dazugeben. Die Aprikosen halbieren und entkernen. Von der Käse-Nuss-Masse die Hälfte auf den Kuchenboden streichen. Die Aprikosen darauf verteilen und die restliche Käse-Nuss-Masse darüber streichen. Mit Mandelhälften verzieren.

Rüblikuchen mit Orangencreme**

Zutaten für 1 Torte

Für den Rüblikuchen:

- 3 große Karotten
- 100 g Sonnenblumenkerne (10 Stunden in Quellwasser eingeweicht und gut abgetropft)
- 100 g Haselnüsse (10 Stunden in Quellwasser eingeweicht und gut abgetropft)
- 100 g Makadamianüsse (10 Stunden in Quellwasser eingeweicht und gut abgetropft)
- 10 g Kokosraspel
- 50 g helle Rosinen (10 Stunden in Quellwasser eingeweicht und gut abgetropft)
- 20 Datteln (Fersi)
- 2 EL Zitronensaft

Für die Orangencreme:

- 2 Orangen
- 1 Banane
- 20 g Mandeln (10 Stunden in Quellwasser eingeweicht und gut abgetropft)
- 8 Datteln (Fersi)
- 2 EL Hanfnussöl

Rüblikuchen: Karotten fein raspeln. Sonnenblumenkerne, Haselnüsse und Makadamianüsse in einer Küchenmaschine fein mahlen. Die Datteln entkernen und mit den Rosinen in einer Küchenmaschine zu Mus verarbeiten. Alle Zutaten in eine Glas- oder Keramikschüssel geben und gut verkneten. Den Teig in eine mit Frischhaltefolie ausgelegte Kasten- oder Terrinenform geben und festdrücken. 3 Stunden im Kühlschrank kalt stellen.

Orangencreme: Die Orangen auspressen. Die Datteln entkernen und die Banane schälen. Mandeln, Datteln und Banane mit dem Orangensaft im Mixer pürieren. Die Hälfte des Hanfnussöls dazugeben und nochmals gut rühren. Die zweite Hälfte des Öls zugeben und wieder vermischen. (Die Masse wird durch das Öl schön cremig.) Die Creme wird auf den Tellern neben das Kuchenstück gegeben.

Ananascremetorte**

Zutaten für 1 Torte

Für den Boden:

- 200 g Mandeln (12 Stunden in Quellwasser eingeweicht und gut abgetropft)
- 1 Ananas
- 10 Datteln (Zahidi)

Für den Belag:

- 4 Feijoa
- 2 Bananen
- 50 g helle Rosinen
- 1 Ananas

Boden: Die Ananas schälen, den Strunk entfernen und das Fruchtfleisch in dünne Scheiben schneiden. Im Lebensmitteltrockner 1 Tag lang trocknen. Die Mandeln in einer Küchenmaschine fein mahlen. Die Datteln entkernen und pürieren. Die getrockneten Ananasstückchen in der Küchenmaschine fein mahlen. Alle Zutaten mischen und gut durchkneten. Eine Springform mit Backpapier auslegen und den Teig hineindrücken. Einen Rand formen.

Belag: Die Rosinen in einer Küchenmaschine zu Mus verarbeiten. Die Feijoa schälen und mit dem Löffel das Fruchtfleisch herausnehmen. Mit dem Messer fein schneiden. Die Bananen schälen und mit der Gabel zerdrücken. Alle Zutaten verrühren und auf den Kuchenboden streichen. Die Ananas schälen, den Strunk entfernen und das Fruchtfleisch in dünne Scheiben, danach in Stücke schneiden. Den Kuchen dekorativ mit den Ananasstücken belegen.

Gebäck

Haselnuss-Schoko-Kugeln*

Ergibt etwa 50 Stück

- 200 g Haselnüsse (10 Stunden in Quellwasser eingeweicht und gut abgetropft)
- 15 Datteln (Zahidi)
- 1 Banane
- 1 süßer Apfel
- 4 Johannisbrot-Schoten

Die Haselnüsse in einer Küchenmaschine fein mahlen. Die Datteln entkernen und mit der Küchenmaschine zerkleinern. Die Johannisbrot-Schoten entkernen und in der Küchenmaschine zu Mehl verarbeiten. Die Banane schälen und mit der Gabel zerdrücken. Den Apfel vierteln, das Kerngehäuse entfernen und die Viertel fein reiben. Alle Zutaten zu einem festen Teig verkneten. Den Teig zu Kugeln formen und auf einem Backpapier im Lebensmitteltrockner 16 Stunden bei 40° C trocknen lassen.

Black-Mission-Spitzen*

Ergibt etwa 50 Stück

400 g Mandeln (10 Stunden in Quellwasser eingeweicht und abgetropft)

200 g Feigen (Black Mission; etwa 3 Stunden in Quellwasser eingeweicht)

50 g dunkle Rosinen

Die Mandeln und die Feigen abtropfen lassen. Alle Zutaten in einer Küchenmaschine zu Mus verarbeiten. Den Teig gut durchkneten und zu lustigen Spitzen formen. Das Gebäck im Lebensmitteltrockner etwa 12 Stunden bei 40° C trocknen lassen.

Je mehr Rosinen Sie zugeben, desto süßer wird das Gebäck!

Ergibt etwa 50 Stück

400 g Mandeln (10 Stunden in Quellwasser eingeweicht und gut abgetropft)
500 g Ananas
200 g Kokosraspel
15 Datteln (Bahree)
1 Vanilleschote
2 EL Zitronensaft

„Pina Colada"-Hütchen*

Die Ananas schälen und vom Strunk befreien. Das Fruchtfleisch achteln und diese Stücke in feine Streifen schneiden. Im Lebensmitteltrockner etwa 15 Stunden trocknen lassen. Die gut abgetropften Mandeln in der Küchenmaschine mit den getrockneten Ananasstückchen fein mahlen. Die entsteinten Datteln zu Mus verarbeiten. Die Vanilleschote der Länge nach aufschlitzen und das Mark herauskratzen. Alle Zutaten in einer großen Schüssel gut vermischen. Hütchen formen und im Lebensmitteltrockner 12 Stunden bei 40° C trocknen lassen.

„Ali Baba"-Monde*

Ergibt etwa 50 Stück

200 g Mandeln
(10 Stunden in Quellwasser eingeweicht und gut abgetropft)

100 g getrocknete türkische Aprikosen

Mandeln in einer Küchenmaschine fein mahlen. Aprikosen pürieren. Aprikosenmus und Mandeln gut durchkneten. Den Teig so dünn wie möglich auslegen und kleine Halbmonde ausstechen.

Diese Kekse können sofort verzehrt werden oder 6 bis 12 Stunden im Lebensmitteltrockner bei 40° C getrocknet werden.

Erfrischende Zitronentaler*

Ergibt etwa 50 Stück

400 g Mandeln
(10 Stunden in Quellwasser eingeweicht und gut abgetropft)

2 unbehandelte Zitronen

12 Datteln (Zahidi)

Die Mandeln abtropfen lassen und in einer Küchenmaschine mahlen. Die Datteln entkernen und pürieren. Beide Zutaten in eine große Schüssel geben. Zitronenschalen in die Masse reiben; den Saft auspressen und ebenfalls dazugeben. Alles zu einer homogenen Masse verarbeiten. Aus dem Teig flache Taler formen und im Lebensmitteltrockner etwa 10 Stunden bei 36 bis 40° C trocken lassen.

Umeboshi-Kekse*

Ergibt etwa 50 Stück

- 100 g Sonnenblumenkerne (10 Stunden in Quellwasser eingeweicht und gut abgetropft)
- 100 g Mandeln (10 Stunden in Quellwasser eingeweicht und gut abgetropft)
- 3 Karotten
- ½ Stange Lauch
- 3 Umeboshi-Aprikosen (aus dem Naturkostladen)
- ⅛ l Quellwasser
- ½ TL Himalayasalz

Die Karotten säubern und in maschinengerechte Stücke schneiden. Vom Lauch nur die zarten Teile verwenden, klein schneiden. Alle Zutaten im Mixer zu einer breiigen Masse verarbeiten. Mit dem Löffel längliche Kekse auf ein Backpapier geben und diese 12 Stunden bei 40° C im Lebensmitteltrockner trocknen lassen.

Brote

Ergibt 4 Brote

200 g Weizen (3 Tage in Quellwasser gekeimt und gut abgetropft)
½ TL Himalayasalz
2 Msp. Kreuzkümmel (nach Geschmack auch mehr)
1 EL Olivenöl

Essener Brot*

Den gekeimten Weizen im Mixer oder in einer Küchenmaschine zu einem möglichst glatten Teig verarbeiten. Mit den übrigen Zutaten mischen und gut durchkneten. Für etwa 1 Stunde kühl stellen. Aus der Masse 1 Zentimeter dicke Fladen formen. 12 Stunden bei 40° C im Lebensmitteltrockner trocknen lassen.

Man kann das Brot in einem luftdicht verschließbaren Gefäß eine ganze Weile aufbewahren. (Der Geschmack leidet jedoch leider unter einer langen Lagerung.)

Hunza-Brot (Chapati)*

Ergibt 15 Brote

80 g Weizen
(3 Tage in Quellwasser gekeimt und gut abgetropft)

170 g Buchweizen

½ TL Himalayasalz

¼ l Quellwasser
(bei Bedarf etwas mehr)

Die gut abgetropften Weizenkeime in einer Küchenmaschine zu einem glatten Teig verarbeiten. Buchweizen zu „Mehl" mahlen. Weizenmasse und Buchweizenmehl mit dem Salz vermischen. Anschließend gibt man langsam unter stetem Rühren so viel Wasser zu, dass eine homogene Masse ohne Klumpen entsteht. Das Ganze gut durchkneten. Sobald der Teig nicht mehr an den Händen klebt, wickelt man ihn in ein feuchtes Tuch und lässt ihn ½ Stunde ruhen. Kugeln mit einem Durchmesser von 4 Zentimetern formen, zu dünnen Fladen auswalzen. Im Lebensmitteltrockner auf Backpapier 12 Stunden bei 40° C trocknen. Nach der Hälfte der Zeit das Backpapier entfernen und die Brote wenden.

Man kann das Brot in einem luftdicht verschließbaren Gefäß eine ganze Weile aufbewahren. (Der Geschmack leidet jedoch leider unter einer langen Lagerung.)

Pizzabrot*

Ergibt 20 Brote

250 g Leinsamen (4 Stunden in ⅓ l Quellwasser eingeweicht und nicht abgespült!)
2 frische Tomaten
10 getrocknete Tomatenhälften (4 Stunden in Quellwasser eingeweicht und gut abgetropft)
¼ Stange Lauch
1 TL Himalayasalz
1 TL Oregano
1 TL Thymian
6 Blättchen Basilikum

Die frischen Tomaten schälen (wie einen Apfel), halbieren und die harten und grünen Teile wegschneiden. Das Fruchtfleisch mit dem Pürierstab oder im Mixer zu Mus verarbeiten. Die getrockneten Tomaten in einer Küchenmaschine zerkleinern. Den Lauch fein wiegen. Alle Zutaten zu den Leinsamen und dem Schleim, der sich durch das Einweichen gebildet hat, geben. Gut mischen. (Falls der Teig zu trocken sein sollte, so viel vom Einweichwasser der Tomaten zugeben, bis der Teig breiig geworden ist.) Den Teig mit einem Löffel auf einem Backpapier zu runden Broten von etwa 15 Zentimetern Durchmesser ausstreichen. (Die Kunst bei der Zubereitung ist es, dass die Brote nicht zu dick, aber auch nicht zu dünn werden: Wenn die Brote zu dünn sind, brechen sie leicht. Wenn sie zu dick sind, werden sie nicht schön knusprig. Hier benötigen Sie ein wenig Erfahrung.) Im Lebensmitteltrockner ungefähr 10 Stunden bei 40° C trocknen.
Nach der Hälfte der Zeit das Backpapier entfernen und die Brote wenden.

Man kann das Brot in einem luftdicht verschließbaren Gefäß eine ganze Weile aufbewahren. (Der Geschmack leidet jedoch leider unter einer langen Lagerung.)

Kräuterbrot*

Ergibt 25 kleine Brote

200 g Weizen (3 Tage in Quellwasser gekeimt und gut abgetropft)

100 g Walnüsse (10 Stunden in Quellwasser eingeweicht und gut abgetropft)

1 EL Petersilie, fein gewiegt

1 EL Schnittlauch, fein gewiegt

1 EL Basilikum, fein gewiegt

1 EL Oregano

1 Msp. Himalayasalz

1 EL Olivenöl

Die Walnüsse in der Küchenmaschine fein mahlen. Kräuter mit dem gekeimten Weizen und dem Salz in der Küchenmaschine zu einem Teig verarbeiten (nicht pürieren!). Alle Zutaten gut vermischen und etwa 1 Stunde kühl stellen. Aus dem Teig dünne Fladen formen und diese auf einem Backpapier im Lebensmitteltrockner 8 Stunden bei 40° C trocknen lassen. Nach der Hälfte der Zeit das Backpapier entfernen und die Brote wenden.

Man kann das Brot in einem luftdicht verschließbaren Gefäß eine ganze Weile aufbewahren. (Der Geschmack leidet jedoch leider unter einer langen Lagerung.)

Toastbrot***

Ergibt ungefähr 10 Brote

- 50 g Augenbohnen (so lange ankeimen lassen, bis ein Spross sichtbar ist; ca. 3 Tage)
- 150 g Hafer (so lange ankeimen lassen, bis ein Spross sichtbar ist; ca. 3 Tage)
- 100 g goldenen Leinsamen
- 2 Orangen
- 1 TL Himalayasalz
- ½ l Lauch
- 1 HV frische Petersilie
- 1 HV frischen Schnittlauch
- 8 Blätter Liebstöckelkraut
- 1 TL Paprika
- ½ TL Cayennepfeffer
- 3 Bärlauchblätter

Orangen auspressen. Die Augenbohnen, die Hälfte der Hafersprossen, Orangensaft, Himalayasalz, Kräuter, Paprika, Cayennepfeffer, Lauch, Bärlauch im Mixer zu einem nassen Teig verrühren. Die restlichen Hafersprossen und den Leinsamen dazugeben und eine Stunde quellen lassen. Auf ein Backpapier quadratische ca. ½ Zentimeter dicke Brote streichen. Im Lebensmitteltrockner 10 Stunden bei 40° C. trocknen lassen. Nach der Hälfte der Zeit das Backpapier entfernen und die Brote wenden.

Olivenbrot**

Ergibt ungefähr 10 Brote

- 200 g Weizen (3 Tage in Quellwasser angekeimt)
- 100 g Paranüsse (10 Stunden in Quellwasser eingeweicht und gut abgetropft)
- ½ Stange Lauch
- 20 Oliven (Nyon oder Jumbo – je nach Geschmack)
- 1 TL Himalayasalz
- 1 EL Bärlauchöl (siehe unter „Grundrezepte", S. 122)

Die Nüsse grob hacken. Den angekeimten Weizen in einer Küchenmaschine zu einem möglichst glatten Teig pürieren. Den Lauch fein wiegen. Die Oliven entkernen und in dünne Scheiben schneiden. Alle Zutaten mischen, Salz zugeben und gut durchkneten. Etwa 1 Stunde kühl stellen. Auf einem Backpapier dünne kleine Fladenbrote ausstreichen. Bei 40° C im Lebensmitteltrockner 12 bis 16 Stunden trocknen lassen.

Man kann das Brot in einem luftdicht verschließbaren Gefäß eine ganze Weile aufbewahren. (Der Geschmack leidet jedoch leider unter einer langen Lagerung.)

Ge-
tränke

Obst- und Gemüsesäfte

Ergibt jeweils etwa ½ Liter

Gabrieles Spezial
- 5 große süße Äpfel
- 5 Knollen Topinambur

Sportler-Drink
- 100 g Löwenzahnblätter
- 2 Speisegurken
- 5 Selleriestangen

Virgin Mary
- 5 Tomaten
- ¼ frische Peperoni
- 1 TL Zitronensaft
- 1 Msp. Himalayasalz
- frisch gemahlener Pfeffer nach Geschmack

Morgenröte
- 5 junge Karotten
- 5 Äpfel
- 1 TL Olivenöl

Vampir
- 1 Rote Beete (am besten mit Grün)
- 4 Äpfel
- 1 Scheibe frischer Ingwer

Gabrieles Spezial: Die Äpfel schälen, ohne Kerngehäuse in maschinengerechte Stücke schneiden. Den Topinambur schälen und in Stücke schneiden. Äpfel und Topinambur in den Entsafter geben. Saft gut umrühren und in ein ungefärbtes Glas füllen.

Sportler-Drink: Das Gemüse und den Löwenzahn in Stücke schneiden und abwechselnd entsaften. In ein ungefärbtes Trinkglas füllen.

Virgin Mary: 4 Tomaten und die entkernte Peperoni in den Entsafter geben. Die übrig gelassene Tomate schälen und die harten Teile entfernen. Den Tomaten-Peperoni-Saft und das Tomatenfleisch in einem Mixer pürieren. Zitronensaft zugeben und mit Salz und Pfeffer abschmecken.

Frische Frucht- und Gemüsesäfte haben gezeigt, was in ihnen steckt, und ihr Wert wird inzwischen sowohl von Ärzten als auch von Laien anerkannt und geschätzt. Nehmen Sie die folgenden Rezepte bitte als Anregung, selbst mit Ihren Lieblingsfrüchten zu experimentieren. Das Buch Frische Frucht- und Gemüsesäfte von Dr. Walker gibt Ihnen zu diesem Thema viele Informationen, Tipps und Anregungen.

Morgenröte: Von den Karotten die Enden abschneiden. Die Äpfel entkernen und in maschinengerechte Stücke schneiden. Beides in den Entsafter geben. Den Saft mit dem Olivenöl gut verrühren und in ein ungefärbtes Glas füllen.

Vampir: Die Rote Beete mit Blättern gut waschen und in maschinengerechte Stücke schneiden. Die Äpfel in Viertel schneiden. Den Ingwer schälen. Alle Zutaten abwechselnd im Entsafter verarbeiten.

Milchshakes

Ergibt jeweils etwa ⅓ Liter

Schokomilch

¼ l vegane Milch*
10 Oliven (sonnengereift, entsteint; am besten Jumbo)
4 Datteln (Shahani soft)
½ Johannisbrot-Schote

Bananenmilch

¼ l vegane Milch*
1 Banane
1 Msp. Zimt

Erdbeermilch

¼ l vegane Milch*
10 Erdbeeren
3 Datteln (Zahidi)

Kiwimilch

¼ l vegane Milch*
2 Kiwis
4 Datteln (Zahidi)
1 Pfefferminzblatt

Ananasmilch

¼ l vegane Milch*
¼ Ananas
½ Vanilleschote

*Siehe unter „Grundrezepte", S. 128

Schokomilch: Das Johannisbrot entkernen und in einer Küchenmaschine zu Pulver mahlen. Die Oliven und die Datteln entkernen. Oliven und Datteln pürieren, Milch zugeben und gut mixen. Den Shake in ein ungefärbtes Glas füllen.

Bananenmilch: Die Banane schälen, pürieren und mit der veganen Milch gut mixen. Den Shake in ein ungefärbtes Glas füllen und mit Zimt bestreuen.

Erdbeermilch: Die Erdbeeren putzen. Die Datteln entkernen. Erdbeeren und Datteln pürieren. Milch zugeben und gut mixen. Das Getränk in ein ungefärbtes Glas füllen.

Kiwimilch: Die Kiwis schälen und die harten Teile entfernen. Die Datteln entkernen. Kiwis und Datteln pürieren und gut mit der Milch mixen. Das Getränk in ein ungefärbtes Glas füllen. Mit dem Pfefferminzblatt verzieren.

Ananasmilch: Die Ananas schälen und mit dem Strunk in maschinengerechte Stücke schneiden. Mit der veganen Milch im Mixer gut pürieren. Die Vanilleschote der Länge nach aufschlitzen, das Mark herausschaben, zur Ananasmilch geben und noch einmal kurz mixen. Den Shake in ein ungefärbtes Glas füllen.

Grund-
rezepte

Bärlauchöl

100 g Bärlauch
0,7 l kalt gepresstes Olivenöl

Bärlauch waschen, danach gut abtrocknen (am besten in der Salatschleuder) und zerkleinern. In das Olivenöl geben und gut verrühren.

Dieses Öl hält sich 1 Jahr lang. Es gibt Ihren Speisen einen frischen Knoblauchgeschmack. Pflücken Sie Ihren Bärlauch selbst. Die beste Erntezeit ist Ende März bis Mitte Juni. Der Bärlauch wächst in ganz Europa in Wäldern mit humusreichem Boden. Man erkennt ihn schon von weitem an seinem intensiven, knoblauchartigen Duft. (Um ihn ganz sicher nicht mit den giftigen Maiglöckchenblättern zu verwechseln, riecht man am besten an den Blättern und zerreibt sie zwischen den Fingern. Steigt einem der typische Knoblauchduft in die Nase, hat man den Bärlauch gefunden.) Seine Blüten und Blütenknospen sind ungenießbar. Am besten erntet man die kleinen und zarten Blätter.
Bärlauch hilft bei Gärungsprozessen im Darm, bei damit verbundenen Blähungen und krampfartigen Schmerzen (er hat eine antibakterielle Wirkung). Außerdem regt er den Appetit an, senkt den Cholesterinspiegel und erweitert die Gefäße, was seinen positiven Einfluss auf die Hirnleistung erklärt. Er reinigt das Blut und ist neben der Brennnessel das beste natürliche Entschlackungsmittel der Saison. Und als erfreulicher Nebeneffekt fördert er das gesunde Wachstum von Haaren und Nägeln und verschönert das Hautbild.

Getrocknetes Gemüse

Trocknen und Dörren ist eine altüberlieferte Methode, um Nahrungsmittel haltbar zu machen. Unsere Vorfahren nutzten die Sonne und den Wind zum Trocknen, wir verwenden den Lebensmitteltrockner, bei dem wir Temperaturen unter 40° C einstellen können. So gehen wir sicher, dass die Enzyme der Pflanze erhalten bleiben. (Leider ist *nicht ganz* auszuschließen, dass durch die Einwirkung von Sauerstoff und Wärme einige gesundheitsfördernde Inhaltsstoffe der Pflanze verloren gehen.)

Getrocknete Tomaten

Tomaten schälen (wie einen Apfel), die harten Teile entfernen und das Fruchtfleisch in Scheiben schneiden oder vierteln – je nach Bedarf. Nach Geschmack mit Himalayasalz würzen und auf dem Rost des Lebensmitteltrockners 10 Stunden bei einer Temperatur unter 40° C trocknen.

Selbst getrocknete Tomaten sind gekauften in jedem Fall vorzuziehen. Sie können sie nach Ihrem Geschmack würzen und sind außerdem sicher, dass sie tatsächlich unter 40° C getrocknet wurden.

Getrocknete Zucchini

Zucchini in dünne Scheiben hobeln. Auf den Rost des Lebensmitteltrockners legen. Je nach Geschmack mit Pfeffer, Salz, Schabzigerklee, Boxhornklee oder Paprika würzen. Bei einer Temperatur unter 40° C 3 Stunden trocknen lassen. Die Scheiben nach der Hälfte der Zeit wenden.

Tipps: Ein köstlicher Ersatz für Kartoffelchips!
Gesalzene Zucchinischeiben schmecken etwas nach Fisch.

Mayonnaise

100 g Pinienkerne (6 Stunden in Quellwasser eingeweicht und gut abgetropft)
⅛ l Quellwasser
1 EL Olivenöl
1 TL Zitronensaft
Himalayasalz, nach Bedarf

Alle Zutaten mit dem Pürierstab oder im Mixer zu einer Creme verarbeiten. (Die Mischung dickt noch ein. Falls sie zu dick werden sollte, mit Quellwasser verdünnen.) Nach Geschmack mit Himalayasalz würzen.

Milchsauer eingelegtes Gemüse

Gemüse, das milchsauer eingelegt wurde, ist lange haltbar und für den Menschen besonders gesund: Im Gegensatz zu anderen Konservierungsmethoden bleiben alle wesentlichen Inhaltsstoffe der frischen Pflanze erhalten. Gärgemüse ist reich an Vitaminen, Mineralstoffen und Spurenelementen. Während des Gärprozesses werden Vitamine (etwa Vitamin C und Vitamin B12) und Enzyme gebildet, die bei vielen Menschen eine positive Wirkung auf die Verdauung haben.

Wichtig! Wird der Gärtopf langsam geleert, kann es gelegentlich vorkommen, dass sich auf dem Gemüse ein weißer Belag, die so genannte „Kahmhefe" bildet. Sie entsteht durch Hefebakterien, die mit dem Sauerstoff in den Topf gelangen, wenn dieser geöffnet wird. Die Kahmhefe ist unschädlich. Es genügt, wenn Sie die oberste Gemüseschicht mit der Hefe entfernen und die Innenwände des Topfes mit einem Tuch heiß abwischen.

Sauerkraut

400 g Karotten
5 kg Spitzkraut
15 g Himalayasalz
2 EL Wacholderbeeren

Vom Kraut 4 Blätter zum Abdecken vorab beiseite legen. Die Kohlköpfe vierteln, den Strunk herausschneiden und (am besten mit der Küchenmaschine) fein schneiden oder hobeln. Kraut, Karotten, Salz und Wacholderbeeren in einer großen Glas- oder Keramikschüssel so lange stampfen, bis sich „Saft" bildet.

Die gestampften Gemüse mit dem Saft in eine Gärschüssel füllen. (Die Schüssel sollte nicht ganz voll sein!) Zum Schluss die ganzen Krautblätter über das eingestampfte Sauerkraut legen und schwere Steine darauf platzieren. (Die Flüssigkeit, die durch das Stampfen entsteht, sollte das Kraut bedecken. Ist das nicht der Fall, muss das Ganze mit handwarmem Quellwasser aufgefüllt werden.) Die Wasserrinne des Gärtopfes säubern, den Deckel darauf setzen und die Rinne mit Quellwasser füllen. Das Sauerkraut 10 Tage bei Zimmertemperatur stehen lassen. Anschließend in einen kühlen Raum bringen und nach 4 bis 6 Wochen Gärzeit verzehren. (Man kann das Kraut auch problemlos länger lagern, es wird dadurch noch aromatischer.)

Wirsing

600 g Wirsing
150 g Karotten
50 g Lauch
1 TL Himalayasalz
¼ TL Senfkörner
¼ TL Koriander
6 Blätter vom Liebstöckelkraut
glatte Petersilie, nach Geschmack

Die Karotten waschen und in dünne Scheiben hobeln. Den Wirsing vierteln, den Strunk längs einschneiden, so dass beim Hobeln dünne Scheiben entstehen. Den Wirsing in feine Streifen schneiden. Den Lauch in feine Streifen schneiden. Wirsing, Karotten und Lauch mit Kräutern und Salz in eine große Glas- oder Keramikschüssel geben und so lange mischen und kräftig kneten, bis „Saft" austritt. Das Ganze in ein Weckglas füllen und gut zusammendrücken. Das Glas nur bis 5 Zentimeter unter den Rand füllen. (Der Saft muss das Gemüse bedecken. Falls das nicht der Fall ist, noch etwas handwarmes Quellwasser dazugeben.) Diese Mischung nun vor Licht geschützt 5 Tage bei Zimmertemperatur gären lassen. Anschließend in den kalten Keller stellen. Nach 3 Wochen können Sie den milchsauren Wirsing zum Kochen verwenden.

Tipp: Dieser milchsauer eingelegte Wirsing kann als Grundlage für viele Gerichte dienen (etwa für „Rheinisches Sauergemüse mit Rosinen", S. 65). Er schmeckt aber auch als Salat sehr gut, wenn man ihn nur mit kalt gepresstem Öl anmacht.

Tomatensoße

4 Tomaten, harte Teile entfernen
8 halbe getrocknete Tomaten
1 Hand voll Lauch, fein gewiegt
1 Bund Schnittlauch
1 Zitrone
1 TL Shoyu
2 EL Olivenöl

Die getrockneten Tomaten klein schneiden. Die Zitrone auspressen. Tomaten, getrocknete Tomaten, Zitronensaft, Shoyu und Olivenöl in einem Mixer fein pürieren. Den Schnittlauch fein wiegen, mit dem Lauch in die Tomatensoße geben und alles gut verrühren.

Tipp: Wenn Sie im Frühling Bärlauchöl hergestellt haben, können Sie statt des Olivenöls auch Bärlauchöl verwenden – die Tomatensoße schmeckt dann herrlich nach Knoblauch!

Veganer Käse

Verschiedene vegane Käsesorten – vom Hartkäse bis zum Frischkäse – herzustellen ist einfach. Wir benötigen dazu eine milchsaure Flüssigkeit. Diese liefert zum Beispiel das milchsauer eingelegte Gemüse (S. 124 ff.). Je nachdem, welche Geschmacksrichtung Sie wählen, verwenden Sie eine bestimmte Nusssorte oder milchsaure Flüssigkeit. (Experimentieren Sie ruhig selbst mit den Zutaten!) In den folgenden Rezepten wird der Käse aus Makadamianüssen, Mandeln und Pinienkernen hergestellt.

Makadamianuss-Frischkäse

200 g Makadamianüsse (10 Stunden in Quellwasser
eingeweicht und gut abgetropft)
150 ml Flüssigkeit von milchsauer eingelegtem Wirsing (S. 125)
¼ TL Himalayasalz

In einem Mixer Makadamianüsse und Flüssigkeit zu einer homogenen Masse pürieren. Das Ganze in ein Haarsieb *(nicht aus Metall!)* füllen und über eine Glas- oder Kramikschüssel hängen, damit die Flüssigkeit abtropfen kann. Mit einem Küchentuch abdecken und an einem warmen Ort etwa 12 bis 14 Stunden stehen lassen. (Der fertige „Käse" sollte leicht säuerlich riechen.) Das Salz zugeben und gut vermengen. In einem geschlossenen Behälter im Kühlschrank aufbewahren.

Mandel-Frischkäse

200 g Mandeln (10 Stunden in Quellwasser eingeweicht und gut abgetropft)
150 ml Flüssigkeit von milchsauer eingelegtem Wirsing (S. 125)
¼ TL Himalayasalz

Die Mandeln mit der Flüssigkeit im Mixer zu einer homogenen Masse pürieren. (Für Sushi die Mandeln nur grob mahlen, so entsteht ein guter „Sushi-Reis".) In ein Haarsieb *(nicht aus Metall!)* füllen und über eine Glas- oder Keramikschüssel hängen, damit die Flüssigkeit abtropfen kann. Mit einem Küchentuch abdecken und an einem warmen Ort etwa 12 bis 14 Stunden stehen lassen. (Der fertige „Käse" sollte leicht säuerlich riechen.) Salz zugeben und gut vermengen. In einem geschlossenen Behälter im Kühlschrank aufbewahren.

Rohmesan

(roher Parmesan – wie Parmesan zu verwenden)

200 g Pinienkerne (10 Stunden in Quellwasser eingeweicht und gut abgetropft)
150 ml Flüssigkeit von milchsauer eingelegtem Wirsing (S. 125)
¼ TL Himalayasalz

Die Pinienkerne mit der Flüssigkeit im Mixer zu einer homogenen Masse pürieren. In ein Haarsieb *(nicht aus Metall!)* füllen und über eine Glas- oder Keramikschüssel hängen, damit die Flüssigkeit abtropfen kann. Mit einem Küchentuch abdecken und an einem warmen Ort etwa 12 bis 14 Stunden stehen lassen. (Der fertige „Käse" sollte leicht säuerlich riechen.) Das Salz zugeben und gut vermengen. Die Käsemasse ungefähr fingerdick auf einem Backpapier ausstreichen. Im Lebensmitteltrockner 10 bis 15 Stunden bei 40° C trocknen lassen. (Der Käse sollte fest und krümelig sein.) In einem geschlossenen Behälter im Kühlschrank aufbewahren.

Vegane Milch

40 Mandeln (10 Stunden in Quellwasser eingeweicht und gut abgetropft)
8 Datteln
½ l Quellwasser

Die Datteln entkernen und mit dem frischen Quellwasser und den abgetropften Mandeln im Mixer pürieren. Das Ganze durch ein Haarsieb streichen. (Die Nussmasse für Müsli verwenden.)

Das menschliche Verdauungssystem kann selbst „rohe" Kuhmilch nicht problemlos verarbeiten. Außerdem wirkt diese schleimbildend. Mandelmilch stellt hier eine gesunde Alternative dar (mehr zu diesem Thema erfahren Sie in Prof. Arnold Ehrets Buch *Die schleimfreie Heilkost*; siehe „Literaturverzeichnis").

Weizenkeime

Den Weizen 12 Stunden in Quellwasser einweichen. Das Wasser abschütten und die Weizenkörner in ein Keimgerät füllen. (Die Körner sollten nicht übereinander liegen!). Das Getreide täglich 3-mal mit Quellwasser übergießen, bis sich ein kleiner Keimling bildet. (Das dauert etwa 3 Tage.)

Viele Menschen glauben, dass Fleisch als Harnsäureerzeuger der Hauptverursacher für rheumatische Erkrankungen sei. Der deutsche Arzt Dr. med. Steintel hat in seinem Buch *Das natürliche Ernährungsgesetz* bereits Mitte des letzten Jahrhunderts die Gefährlichkeit einer Ernährung, die reich an Getreide ist, ausführlich dargelegt. Er bezeichnet das Korn als „kleine Atombombe" und macht Getreide für viele Krankheiten verantwortlich.
Wir müssen jedoch nicht ganz auf Brot verzichten, wenn bestimmte Zubereitungsregeln beachtet werden:

1. Die Getreidekörner, die zum Herstellen des Brotes verwendet werden, sollten angekeimt sein.
2. Das Brot wird im Lebensmitteltrockner bei höchstens 40° C getrocknet.

So ist gewährleistet, dass wir noch lebendige, nährstoffhaltige Nahrung zu uns nehmen.

Wichtige Lebensmittel ...

Avocado

Zweifellos ist die Avocado das beste Lebensmittel, wenn Sie gekochte Nahrung hinter sich lassen und sich künftig vegetarisch-„rohköstlich" ernähren wollen. Das in dieser Frucht enthaltene Fett ist ein fantastischer Ersatz für die tierischen Fette, die Sie bislang in Form von Milch, Fleisch, Eiern usw. zu sich genommen haben. Es handelt sich hierbei zum großen Teil um mehrfach ungesättigte Fettsäuren, die sich günstig auf den Cholesterinspiegel auswirken. Außerdem sind Avocados reich an Vitaminen der B-Gruppe und an Vitamin E sowie an Mineralstoffen, insbesondere an Kalzium, Eisen und Kalium.

Die Früchte werden fast immer in hartem Zustand angeboten und schmecken dann unangenehm bitter. Man kann sie erst genießen, wenn sie fast so weich sind wie Butter. Dieser Reifegrad ist erreicht, wenn die Schale bereits bei leichtem Fingerdruck nachgibt. Wickelt man die Frucht in Zeitungspapier ein und lässt sie1 bis 3 Tage bei Zimmertemperatur liegen oder bewahrt man sie zusammen mit einem Apfel oder einer Banane auf, reift sie schneller. Und umgekeht verderben vollreife Avocados langsamer, wenn man sie im Gemüsefach des Kühlschranks lagert (bei Temperaturen unter 6° C verderben sie jedoch).

Es gibt über 500 Arten von Avocadopflanzen. In meinen Rezepten habe ich unterschiedliche Frucht-Sorten verwendet, um die Vielfalt der Aromen und die Geschmacksnuancen zu nutzen.

Die gängigsten Sorten:

Bacon: fast farbloses Fleisch; weiche dünne Schale (gut für Avocadogerichte zu verwenden, die in der Schale serviert werden)

Booth: kommt aus Kamerun; schmeckt leicht salzig

Cocktail: Miniavocado ohne Kern, lässt sich mit Schale verzehren; sie ist ungefähr daumengroß

Ettinger : israelische Avocado, die aus der kleinen mexikanischen Sorte gezüchtet wurde; oval, etwa 300 Gramm schwer; mit glatter, glänzender Schale; wird geerntet, wenn ihr Fettgehalt mindestens 9 Prozent beträgt (wegen ihres erstklassigen Geschmacks erfreut sie sich vor allem in Frankreich großer Beliebtheit)

Fuerte: spanische Züchtung mit zarter grüner Schale; birnenförmig mit sehr hellem Fruchtfleisch von sahniger Konsistenz; Geschmack: buttrig-nussig

Gwen:	der Sorte „Hass" sehr ähnlich auf Grund der rauen Schale; diese bleibt allerdings grün; man erhält sie vom späten Winter bis zum späten Sommer
Hass:	eine der fettigsten und deftigsten Avocadosorten mit runzeliger dunkelgrüner bis schwarzer Schale; das Fruchtfleisch ist gelb und hat ein buttriges Käsearoma
Lindo:	wenig Fett und süßlicher Geschmack
Lula:	glatte Schale, kommt aus Afrika; der Geschmack ist im Vergleich zu den meisten anderen Sorten nicht so kräftig, er erinnert eher an Crème fraîche
Negritto:	wilde mexikanische Sorte mit dünner dunkelgrüner bis schwarzer Schale und kleinem Kern; Schale ist essbar; Geschmack erinnert an deftige Salami
Passim:	wilde Avocado, groß und fleischig
Pinkerton:	längliche Frucht mit kleinem Kern; den ganzen Winter über erhältlich
Reed:	groß, kugelförmig, mit unauffälliger Schale; Geschmack erinnert an Kartoffelgratin
Ryan:	raue Schale mit saftigem, süßlich schmeckendem Fleisch

Datteln

Nur wenige Menschen hier zu Lande wissen um die Vielfalt der Dattelsorten, die für jede Naschkatze eine wahre Fundgrube ist. Achten Sie beim Kauf in jedem Fall auf die Qualität der Datteln: Häufig werden bei uns mit Sirup und Antioxidationsmitteln behandelte Datteln angeboten. Im Naturkostladen erhalten Sie nicht konservierte, naturbelassene Datteln.

Verschiedene Dattelsorten:

Allig:	Fruchtbonbon
Aori:	fruchtig im Geschmack
Bahree (Iran):	Mokkatoffee
Bahree kristal:	Zuckerhütchen
Berem (Iran):	nussig
Black:	von herber Süße
Borrego Honey:	Honigbonbon
Borrego soft:	zergeht auf der Zunge
Dayri:	umwerfend süß
Deglet Noor:	Traumpudding
Deglet soft (Tunesien):	wie Karamellpudding („Das Gold der Wüste")

Fersi, Iran:	wie ein Butterkeks
Halawi:	Karameltoffee
Kadrawi:	herrlich schokoladig
Medijoul (Iran):	schmeckt nach „Weihnachten"
Medijoul Jumbo:	große und sehr softe Dattel, wie Eiskonfekt
Mozafati (Iran):	Karamelcreme
Rispendattel (Tunesien):	Honigbonbon
Shahani (Iran):	Marzipangeschmack
Zahidi (Iran):	mit Biss und Nougatgeschmack

Hanfnussöl

Botanisch gesehen ist die Frucht des Hanfes eine Nuss: die Hanfnuss. Ihr ernährungsphysiologischer Wert für Mensch und Tier ist kaum zu überbieten. Sie enthält:

30-35 % hochwertiges Öl
22-25 % Protein
20-30 % Kohlenhydrate
10-15 % Ballaststoffe

sowie eine Vielzahl an Mineralstoffen, insbesondere Kalium, Magnesium, Kalzium, aber auch Eisen und Zink; Vitamin A, Vitamine der B-Gruppe (außer Vitamin B12), Vitamin C und E; Chlorophylle und Aromastoffe.
Hanf wächst problemlos im europäischen Klima. Seine ökologische Bedeutung ist ebenfalls konkurrenzlos. Die Qualitäten dieses erstklassigen und vielseitig verwendbaren Rohstoffs werden zurzeit wieder entdeckt, und die Ernährungswissenschaft hebt seine Vorzüge hervor: Aus Hanfkorn zubereitete Speisen sind wohlschmeckend, stärken das Immunsystem und sorgen für Wohlbefinden und Lebenskraft. Hanfnussöl gehörte neben Leinöl, Mohnöl und Rübsenöl (Vorläufer des Rapsöls) jahrhundertelang zu den gebräuchlichsten Speiseölen in Deutschland.
Die *Bundesforschungsanstalt für Ernährung und Lebensmittel* hat Hanfnussöl als „das ideale Speiseöl für die kalte Küche" bezeichnet. Ausschlaggebend hierfür sind die in ihm enthaltenen Fettsäuren. Der mit 90 Prozent sehr hohe Anteil des Hanföls an ungesättigten Fettsäuren liegt deutlich über dem des Olivenöls (das 80 Prozent enthält). Das Hanfprotein liefert nicht nur alle

essenziellen Aminosäuren, die unser Körper mit der Nahrung aufnehmen muss. Diese liegen außerdem im richtigen Verhältnis vor, so dass sie leicht verfügbar sind für den Aufbau des körpereigenen Proteins. Wegen der überdurchschnittlich hohen ernährungsphysiologischen „Eiweißwertigkeit" ist das Hanfnussprotein ein hervorragender vegetarischer Eiweißlieferant.
Die im Hanfkorn enthaltene Gamma-Linolensäure stärkt das Immunsystem, reinigt die Arterien und erhöht die Hirnfunktion. Sie wird in der Medizin schon seit langem gegen Hautallergien, Neurodermitis, Schuppenflechte, diabetische Neuropathie und erhöhten Cholesterinspiegel eingesetzt. Kein anderes Speiseöl enthält diese Gamma-Linolensäure.
Und nicht zuletzt hat das Hanfnussöl einen dezent nussigen Geschmack – ein wahrer Genuss!

Himalayasalz

Das Kristallsalz aus dem Bergmassiv des Himalaya ist 250 Millionen Jahre alt. Es wird von Hand abgebaut, selektiert, gewaschen und getrocknet. Himalayasalz wird nicht industriell behandelt und ist von höchster Qualität.
Während unser raffiniertes Speise- oder Kochsalz nur noch aus Natrium und Chlorid besteht, enthält dieses hochwertige Salz 84 Elemente (die auch in unseren Körperflüssigkeiten enthalten sind). Ungefähr 95 Prozent des raffinierten Salzes werden in der Industrie verwendet: Hier wird Natriumchlorid (und kein Kristallsalz) benötigt, um chemische Abläufe zu steuern. Der Rest, also etwa 5 Prozent, landet im Lebensmittelhandel. Das angebotene Speisesalz ist meist noch jodiert, obwohl mittlerweile wissenschaftlich nachgewiesen ist, dass die schädlichen Nebenwirkungen diese Praxis schon längst nicht mehr rechtfertigen. (So sind die durch Jod hervorgerufenen Allergien in den letzten Jahren sprunghaft angestiegen.)
Meersalz, das die lebenswichtigen 84 Elemente – im Gegensatz zu Kochsalz – ebenfalls enthält, ist heute oft schadstoffbelastet (besonders von Schwermetallen wie Blei). Kristallsalz hingegen, Jahrmillionen unter Druck im Berg „herangereift", ist frei von solchen Verunreinigungen.
Im Vergleich mit dem Steinsalz ist Kristallsalz die hochwertigere Form von Natursalz mit einem heterogenen Gemisch von Mineralien und Spurenelementen. Es war in früheren Zeiten unter der Bezeichnung „Königssalz" bekannt und nur für den Adel bestimmt. Bis heute zeugen Wortwendungen wie „das Salz des Lebens" oder „das weiße Gold" davon (und von der einstigen Wertschätzung für das Salz). Im Kristallsalz hat sich die Energie im Laufe der Zeit in einer ganz bestimmten kristallinen Struktur aufgebaut, und vergleicht man es mit Steinsalz, dann ist das genau so, als würde man einen Kristall mit einem Stein vergleichen.

Alle 84 Elemente liegen im Kristallsalz kolloidal, d.h. in organischer Form (so klein, dass sie die Zellmembran noch passieren können) vor. Von einem Natursalz kann man nie zu viel zu sich nehmen, weil sich jeder natürliche Prozess von selbst reguliert. Es hat immer eine ausgleichende, eine regulierende Wirkung! Zu viel Kristallsalz kann niemals zu Bluthochdruck führen – im Gegenteil: Durch seine ausgleichende Wirkung wird ein zu hoher Blutdruck sogar reguliert. Bei Übersäuerung, Zahnfleischbluten, Zahnstein, Zahnfleischschwund, Mundgeruch usw. ist es am besten, die Zähne mit einer Salzsole zu putzen. Die positive Wirkung wird innerhalb von wenigen Tagen sichtbar. Darüber hinaus macht sie die Zähne wieder weiß. Kristallsalz löst außerdem Kalk auf, das heißt, es beseitigt Zahnstein.
Alte Natriumchlorid-Gifte, die sich über Jahre hinweg in kristalliner Form an Gelenken abgelagert haben, löst man am einfachsten mit einer Soletrinkkur auf, indem man über einige Wochen hinweg jeden Morgen 1 Teelöffel Salz-Sole (26-prozentige Salzlösung) zu sich nimmt. Das beeinflusst auch den Elektrolythaushalt des Körpers positiv. Kristallsalz ist vielseitig einsetzbar: etwa für ein Solebad (bei Hauterkrankungen wie Neurodermitis und Akne oder bei Rheuma und Gelenkerkrankungen), eine Soleinhalation (wirkt gegen Asthma und Bronchitis) oder eine Soletrinkkur.

Johannisbrot-Schoten

Diese heute in jedem gut sortierten Gemüsegeschäft erhältliche Schote ist die Hülsenfrucht des Carobbaumes. Aus unscheinbaren Blüten, die im Herbst erscheinen, entwickeln sich die schokoladenbraunen, 10 bis 25 Zentimeter langen, geraden oder gebogenen, glänzenden Hülsenfrüchte mit wulstigem Rand. Sie sind nach knapp 1 Monat reif und können noch mehrere Monate lang am Baum hängen bleiben. Das Fruchtfleisch ist anfangs weich und schmeckt aromatisch-süß. Später wird es hart und ist sehr lange haltbar. Die Schote enthält harte, schwarz glänzende Kerne, die alle genau 0,18 Gramm wiegen. (Juwelieren dienten sie deshalb früher als Gewichtsmaß.)
Man kann das Fruchtfleisch vermahlen und dann wie Kakaopulver verarbeiten. Das im Handel erhältliche Carobpulver ist meistens geröstet und für unsere Zwecke deshalb nicht geeignet. Selbst hergestelltes Carobpulver dagegen ist sehr fettarm und frei von anregenden Substanzen wie Koffein und Theobromin, die im Kakao zu finden sind. Carobpulver ist ballaststoffreich,enthält reichlich Kalzium und Eisen und ist deshalb – auch für Kinder – dem Kakao vorzuziehen.

Miso

Miso ist eine fermentierte Paste aus Sojabohnen und (meist) einer Getreideart. Bei der Miso-Herstellung findet – ähnlich wie beim milchsauer eingelegten Gemüse (S. 124 ff.) – durch Gärung eine qualitätssteigernde Umwandlung statt. Miso hat eine cremige bis feste Konsistenz und ist ein gesundes Allzweckgewürz, das Salz fantastisch ersetzen kann. Es verursacht im Gegensatz zu Kochsalz kein Durstgefühl. Durch seine Enzyme und Nährstoffe kann der Körper das in ihm enthaltene Salz besser verarbeiten. Helles Miso schmeckt mild und süßlich, dunkles Miso besitzt auf Grund seines höheren Anteils an Meersalz ein intensiveres, würzigeres Aroma. Dieses Würzmittel enthält alle essenziellen Aminosäuren, wichtige Mineralstoffe sowie Vitamin B12. Sein Eiweißgehalt liegt – je nach Sorte – zwischen 12 und 20 Prozent. In Japan sind weit mehr als 50 Sorten erhältlich, in Deutschland finden Sie im Wesentlichen drei: Reis-Miso (Kome oder Genmai), Gersten-Miso (Mugi) und Sojabohnen-Miso (Hatcho).
Miso beugt Arteriosklerose vor, es zieht radioaktive Elemente aus dem Körper und wirkt hemmend auf die Entstehung von Magenkrebs. Die in ihm enthaltenen Fermente fördern die Verdauung.
Die traditionelle Herstellung kann 3 Jahre in Anspruch nehmen: Gekochte Sojabohnen werden mit Meersalz und Wasser vermengt und mit der Starterkultur Koji angesetzt. Achten Sie beim Kauf darauf, dass das Miso auf traditionelle Weise und ausschließlich mit Zutaten aus kontrolliert biologischem Anbau hergestellt wurde.

Nüsse

Es ist allgemein bekannt, dass Nüsse schwer verdaulich sind, deshalb sollten sie nur ganz frisch gegessen werden. Im frischen Zustand haben sie *noch* keine Enzymhemmer entwickelt. Diese halten die Nüsse im „Schlummerzustand", bis die für Wachstum geeigneten Bedingungen gegeben sind. Das heißt, erst wenn sie keimen können, sind die verdauungshemmenden Wirkstoffe wieder verschwunden.
Wenn wir getrocknete Nüsse essen, belasten sie unsere Bauchspeicheldrüse und liegen uns schwer im Magen. Deshalb müssen wir getrocknete Nüsse und Samen immer entweder etwa 10 Stunden in Wasser einweichen oder etwa die gleiche Zeit keimen lassen, um sie gut verdauen zu können. Trotzdem sollten Nüsse nur in Maßen verzehrt werden, da sie schleim- und säurebildend sind. Wenn Sie grünes Blattgemüse (Spinat, Löwenzahn, Kopfsalat etc.) zu den Nüssen essen, wird die säurebildende Wirkung der Nüsse reduziert.

Olivenöl

Auch wenn bis heute immer wieder neue und widersprüchliche Erkenntnisse auf dem Gebiet der Cholesterinforschung bekannt werden, gilt es inzwischen als gesichert, dass Olivenöl in der täglichen Ernährung für Menschen mit erhöhten Cholesterinwerten von Vorteil ist.
Wer in einem Mittelmeerland lebt, hat trotz einer meist kalorien- und fettreichen Ernährung ein geringeres Herzinfarktratrisiko und niedrigere Cholesterinwerte als ein Nordeuropäer. Dass Erstere viele Oliven und Olivenöl auf ihrem Speiseplan haben, hat einen günstigen Einfluss auf ihren Gesamtcholesterinspiegel. Olivenöl ist das einzige Speiseöl, das den LDL-Cholesterinwert senkt und gleichzeitig den HDL-Cholesterinwert erhöht. Ganz anders wirken Pflanzenöle mit einem hohen Anteil an mehrfach ungesättigten Fettsäuren, wie zum Beispiel Distel- und Sonnenblumenöl. Sie senken den Gesamtcholesterinspiegel – also auch das wertvolle HDL.
Hochwertiges Olivenöl ist aufgrund seiner Zusammensetzung besonders leicht emulgierbar und dadurch auch leicht verdaulich. Es wird vom Körper fast vollständig „genutzt". Außerdem enthält dieses Öl nur wenig Vitamin A, aber besonders viel Vitamin E, das Thrombosen verhindert, die Leistung der Schilddrüse und die Sauerstoffversorgung des Körpergewebes verbessert.
Olivenöl regt den Gallenfluss an. Menschen mit Magenproblemen ist es deshalb besonders zu empfehlen. Wie Studien mit Patienten mit Magen- und Darmgeschwüren zeigten, gingen durch den Konsum von Olivenöl die Geschwüre um bis zu 39 Prozent zurück. Bei Patienten, die unter Verstopfung leiden, kann Olivenöl wahre Wunder wirken. Dazu wird ein wenig Olivenöl mit etwas Zitronensaft gemischt und abends vor dem Schlafengehen oder morgens auf nüchternen Magen eingenommen. Das Öl macht außerdem die Zellmembran stabiler, das heißt weniger anfällig für freie Radikale, und es wirkt somit als natürliches Antioxidans.
Im Norden Europas ist die Krebsrate generell höher als in den Mittelmeerländern. Verschiedene Studien deuten darauf hin, dass der regelmäßige Verzehr von Oliven bzw. Olivenöl auch verschiedene Krebserkrankungen hemmt. Das Öl ist nach heutigen Erkenntnissen zur Verhütung und Heilung von Herz-Kreislauf-Erkrankungen, speziell von Arteriosklerose, zur Behandlung von Leber-Galle-Leiden, Darmträgheit und gegen zahlreiche Stoffwechselstörungen einsetzbar.
Wichtig ist allerdings, dass Sie ein Olivenöl aus erster Pressung ein („Jungfernöl") verwenden. Solche Öle sind immer kalt gepresst und unraffiniert. Hochwertige Olivenöle haben natürlich ihren Preis.

Shoyu

Shoyu ist ein 5 000 Jahre altes Würzmittel, das aus China stammt. Durch seine Fermentation hat Shoyu einen hohen gesundheitlichen Nutzen und findet in den Rezepten von *Rohköstlichkeiten für Genießer* Verwendung, obwohl es ein erhitztes Produkt ist.
Shoyu wird folgendermaßen hergestellt: Vollwertiger Winterweizen wird geröstet und zerkleinert, ganze Sojabohnen werden gedämpft. Diese Zutaten werden dann zu gleichen Teilen vermischt und mit Sporen des Aspergillus-Pilzes geimpft. Nach 3 Tagen in einem warmen Raum mit hoher Luftfeuchtigkeit ist die Mischung aus Sojabohnen und Weizenkörnern mit einer Matte aus weichem, duftendem Schimmelpilz bedeckt, der reich an natürlichen Enzymen ist. Nun kommt das Ganze in eine Lake aus Wasser, Meersalz und Nigari (ein mineralischer Rückstand, der beim Extrahieren von Natriumchlorid aus Meersalz zurückbleibt) und ruht in Fässern aus gut abgelagertem Zedernholz etwa 18 Monate (oder mindestens 2 ganze Sommer) lang.
Während der Reifung zersetzen die Hefepilze, Enzyme und Bakterien, die sich nun entwickeln, die Kohlenhydrate, das Eiweiß und die Fette des Weizens und der Sojabohnen – so entstehen Zucker, aromatischer Alkohol und Amino- und Fettsäuren.
Das reife, vergorene Gemisch wird in Baumwollsäcke gefüllt und unter großem Druck ausgepresst. Zurück bleibt eine dunkle Flüssigkeit, eine Mischung aus Shoyu und Roh-Sojaöl (letzteres schwimmt auf der Oberfläche und wird abgeschöpft). Das Shoyu wird bei niedrigen Temperaturen pasteurisiert und anschließend in Flaschen gefüllt. Das gesamte Verfahren dauert etwa 24 Monate.

Quellwasser

Von allen Lebensmitteln am wichtigsten für uns ist Wasser. Ideal wäre es, wenn die zugeführte Nahrung so viel Wasser enthielte, dass wir kein Wasser zusätzlich zu uns nehmen müssten. Da es kaum möglich ist, den Flüssigkeitsbedarf durch Früchte und Gemüse zu decken, ist es wichtig, das *richtige* Wasser zu trinken. Welches nun aber das „richtige" Wasser ist, darüber sind die Naturheilkundler geteilter Meinung: Einer wirbt für Umkehrosmose, der andere für destilliertes Wasser.

Meinen Erfahrungen zufolge ist unser Organismus für natürliches Quellwasser am dankbarsten. Es gibt vielerorts Quellen, an denen sich natürlich „gereiftes" Wasser abfüllen lässt. (Doch es ist Vorsicht geboten: Es könnte verunreinigt sein.) Quellwasser

- enthält organische Mineralien;
- ist lebendiges Wasser, da es natürlich gereift ist;
- enthält keine Bakterien;
- versorgt unseren Organismus perfekt und
- es kostet nichts.

... und nützliche Geräte in der Rohkostküche

Champion-Entsafter

Nach einer aktuellen amerikanischen Studie entscheidet die Sauerstoffmenge, die beim Entsaften in den Saft hineingewirbelt wird, darüber, wie viele Enzyme verloren gehen: je mehr Sauerstoff, desto mehr Vitalstoffe werden zerstört. (Umgekehrt bedeutet das: Je weniger Sauerstoff „im Spiel" ist, desto gesünder ist der Saft.) Marktübliche Saftzentrifugen arbeiten mit mehr als 6 000 Umdrehungen pro Minute. Sie wirbeln große Mengen Sauerstoff ein, schäumen den Saft auf und zerstören so Enzyme und sauerstoffempfindliche Vitamine.

Dr. Norman Walker entwickelte einen Entsafter, bei dem die Fasern zu einem Brei verarbeitet werden, erst dann wird der Saft ausgepresst (herausgedrückt) – so gelangt ein Maximum an

Vitaminen, Enzymen und Mineralien in den Saft. Die nach diesem Verfahren arbeitende *Champion-Saftpresse* stellt Säfte von hoher Güte her. Dank des rotierenden Schneidewerks, das nur bei 1 400 Umdrehungen pro Minute arbeitet, entsaftet sie sehr schonend bei geringfügiger Erwärmung und niedriger Sauerstoffeinfuhr. Der *Champion-Entsafter* wird seit 1955 ohne wesentliche Veränderungen gebaut. Er ist zuverlässig und nicht kaputt zu bekommen. Nussmus, Feigenmus, Apfelmus und Karottenmus lassen sich mit seiner Hilfe ebenfalls herstellen. Sie können diesen Entsafter über das Internet bei einem Naturkostversand bestellen. Auf der ganzen Welt werden mit Säften phänomenale Therapieerfolge erzielt. In seinem Buch *Frische Frucht- und Gemüsesäfte* gibt Dr. Walker unschätzbar wertvolle Ratschläge zur Anwendung von Säften zur Erhaltung Ihrer Gesundheit und bei Krankheit. Bezugsquelle: www.rohkostclub.de

Hobel

Ein breiter Hobel, bei dem die Dicke der gehobelten Scheiben einstellbar ist, erleichtert das Schneiden von Obst und Gemüse. (Sie erhalten ihn in jedem guten Haushaltsfachgeschäft. Die Firma *Rösle* bietet einen Hobel mit verstellbarem Messer.)

Keimgerät

Durch den Einsatz eines Keingerätes können Sie einfach und schnell Sprossen und Keimlinge selbst ziehen ... schon nach wenigen Tagen ist die Erntezeit gekommen. Nun gibt es aber viele verschiedene Keimgeräte. Mit einem Gerät, das das Keimen von drei verschiedenen Samensorten auf einmal ermöglicht, habe ich die besten Erfahrungen gemacht. Außerdem sollte das Gefäß nicht aus Plastik, sondern aus Glas oder einem für Lebensmittel geeigneten Acrylglas bestehen. Erhältlich sind solche Keimgeräte in jedem gut sortierten Reformhaus oder Naturkostladen.

Lebensmitteltrockner oder Dörrgerät

Getrocknete Lebensmittel behalten ihren Nährwert fast vollständig. Der natürliche Eigengeschmack wird durch den Wasserentzug intensiviert. Ein Lebensmitteltrockner oder Dörrgerät trocknet praktisch alle Arten von Obst, Gemüse, Pilzen und Kräutern. Dörrobst und -gemüse bringen auch in die Rohkostküche herrliche Abwechslung. Sie erhalten dieses Gerät über www.rohkostclub.de.

Legumette

Wollen Sie Gemüse hauchdünn schneiden, dann brauchen Sie ein besonderes Gerät, das *Legumette* oder *Chef Cutter* genannt wird. Es schneidet alle festen Gemüse in spaghettifeine Streifen. (Das Gerät können Sie bestellen bei: Vincent Becker Spezialitätenversand, Gewerbestraße 11, 79285 Ebringen.)

Mixer

Für viele Speisen in diesem Buch ist ein Mixer unabdingbar. Wenn Sie öfter Rohkost zubereiten wollen, lohnt es sich, ein Gerät zu kaufen, das mit sehr hoher Geschwindigkeit arbeitet. Für die Rezepte in diesem Buch ist ein preiswerter Mixer wie etwa der *Personal Blender PB 200* (ein „Handmixgerät") ausreichend. Dieser ist mit einem Mahl- und einem Mixwerk ausgestattet, ist handlich und hat doch einen starken Motor. Sie können ihn über www.rohkostclub.de erwerben.

Pürierstab

Ein Pürier- oder Zauberstab wird unter anderem bei der Zubereitung von Suppen und Cremes eingesetzt. Sie können hier Geräte aus einer Fülle von Herstellern auswählen. Es ist für die Qualität der Zubereitung nicht relevant, ob Sie den Pürierstab eines Multifunktionsgeräts verwenden oder ein „Sologerät" benutzen. Sie halten dieses Küchengerät in jedem gut sortierten Haushaltswarengeschäft.

Wasserfilter

Unser Leitungswasser ist mit Chlor, Nitrat, Medikamentenrückständen und anderen Schadstoffen mehr oder weniger belastet. Um diese Schadstoffe so weit wie möglich zu entfernen, gibt es

Originalausgabe

Lektorat: Martina Klose, Hans Nietsch
Korrektorat: Sylvia Schaible
Layout und Satz: Rosi Weiß
Covergestaltung: Rosi Weiß

HANS-NIETSCH-VERLAG
Am Himmelreich 7
D-79132 Emmendingen
Internet: www.nietsch.de
E-Mail. info@nietsch.de

ISBN: 978-3-934647-76-3

Mein Weg zur Rohkost

Es war am 15. September 1990. Auf dem Weg vom Golfplatz nach Hause begegnete ich meinem Mann, der gerade von einer ärztlichen Routineuntersuchung kam. Diagnose: Krebs! Das war ein großer Schock für mich – und ein einziger Gedanke beschäftigte mich fortan: Was können wir tun, um einer solchen Diagnose und dem Schicksal meines Mannes zu entgehen? Zunächst las ich zahlreiche Bücher zum Thema „Gesundheit". Doch ich wollte mehr wissen und beschloss, Ernährungswissenschaften zu studieren.
Alles das war jedoch nicht so wertvoll wie die Erfahrungen, die ich am eigenen Leib mit den verschiedenen Ernährungsformen machte! Zuerst beschloss ich, kein Fleisch mehr zu essen, dann wandte ich mich der fleischlosen Trennkost zu, danach aß ich fettarm. 4 Jahre lang verschrieb ich mich der Makrobiotik. – Doch all diese Ernährungsformen hinterließen bei mir ein Gefühl des Mangels und Unwohlseins. Ich wurde des Öfteren krank und fühlte mich nicht leistungsstark ... und schon gar nicht lebensfroh.

Die Autorin

Im Jahre 2002 bekam ich das Buch *Willst du gesund sein? Vergiss den Kochtopf!* von Helmut Wandmaker geschenkt. Was ich hier erfuhr, war einleuchtend – und trotzdem konnte ich mich mit dem Gedanken, fortan alles kalt zu essen, nicht anfreunden. Ein Jahr später war es so weit: Ich entschied mich für Rohkost. Morgens aß ich Äpfel, Orangen und Bananen; mittags und abends Salat ... und am nächsten Tag dasselbe.
Anfangs konnte ich mir nicht vorstellen, was man etwa aus einer Banane so alles zaubern kann, außer sie zu schälen und zu verzehren. Aber mit der Zeit wurde meine Fantasie angeregt, und ich kreierte viele Rezepte. Einige davon finden Sie in *Rohköstlichkeiten für Genießer*.
Diese Art zu essen erfreut mich bis tief in die Seele. Und ich bin, seit ich mich auf diese Weise ernähre, nicht mehr krank gewesen, brauche viel weniger Schlaf, bin ausgeglichen und lebensfroh und ... muss mich nicht mehr um mein Gewicht sorgen.

Nun halten Sie dieses Buch in Händen und können mit der Rohkost eigene Erfahrungen machen. Ich freue mich über Ihr Interesse an dieser Form der Ernährung. Wenn Sie Gefallen an ihr finden, besuchen Sie meine homepage www.rohkostclub.de.

Fitinstitut Mauz
Gabriele Mauz
Dipl. Ernährungsberaterin, Dipl. Gesundheitstherapeutin

Traufweg 15 • 72393 Burladingen
Telefon 07475-451939 • Fax 07475-451952 • Mobil 0172-7633490

Literaturverzeichnis

Gabriel Cousens: *Die Kunst der Zubereitung lebendiger Nahrung. Das Rezeptbuch zu „Bewusst essen".* Hans-Nietsch-Verlag, Freiburg 2003

Arnold Ehret: *Die schleimfreie Heilkost.* Waldthausen Verlag, Weil der Stadt 2002

Erwin Kraussner: *Kristallines Salz – Elixier der Jugend aus dem Himalaya.* Eviva Verlag, A-Wien 2001

Andrea Opitz: *Köstliche Lebenskraft. 235 Rezepte aus der Rohkostküche.* Hans-Nietsch-Verlag, Freiburg 1998

Dr. med. Reinhard Steintel: *Das natürliche Ernährungsgesetz (NEG).* (Erhältlich über: A. Fadini, Breuningstr. 31, D-72072 Tübingen)

Dr. med. Reinhard Steintel: *Volksgesundheit in Gefahr.* 1955 (vergriffen; über Antiquariate erhältlich)

Dr. Norman W. Walker: *Frische Frucht- und Gemüsesäfte.* Waldthausen Verlag, Weil der Stadt 2004

Gregor Wilz: *Vegetarische Rohkost. Leben aus der Fülle der Natur.* Hans-Nietsch-Verlag, Freiburg 2002

Helmut Wandmaker: *Willst du gesund sein? Vergiss den Kochtopf!* Goldmann Verlag, München 1992